Rolf Zerfaß
Menschliche Seelsorge

Rolf Zerfaß

Menschliche Seelsorge

Für eine Spiritualität von Priestern
und Laien
im Gemeindedienst

Herder
Freiburg · Basel · Wien

Fünfte Auflage

Alle Rechte vorbehalten – Printed in Germany
© Verlag Herder Freiburg im Breisgau 1985
Herstellung: Freiburger Graphische Betriebe 1991
ISBN 3-451-20394-4

Inhalt

Vorwort 7

I
Seelsorge als Gastfreundschaft 11

1. Die humane Perspektive 13
2. Die theologische Perspektive 17
3. Die praktische Perspektive 21

II
Die menschliche Situation des Priesters heute . . 33

1. Das Gewicht des Themas 34
2. Symptome 35
3. Der Lösungsansatz 48
4. Schritte in die Freiheit 52
Nachtrag: Ein erstes Echo 69

III
Priester und Laien in der Seelsorge 73

1. Die neuen pastoralen Dienste 74
2. Jesu Umgangsstil als Maßstab kirchlicher Praxis . . 79
3. Was ist Seelsorge? 85
4. Für eine gemeinsame Spiritualität von Priestern und Laien in der Seelsorge 93

IV
Der Seelsorger – ein verwundeter Arzt ... 98

1. Wer ist ein Seelsorger? ... 98
2. Der verwundete Arzt – eine messianische Legende . 100
3. Praktische Konsequenzen für die Bildungsarbeit . . 107

V
Wer ist kompetent zur Verkündigung? ... 112

1. Ein biblisches Anschauungsmodell: Jes 50, 4–7 . . . 113
2. „Kompetenz" in den Sozialwissenschaften ... 117
3. Stimmen der Überlieferung ... 124
4. Verkündigung und Sendung ... 133

VI
Die Last des Taufgesprächs ... 142

1. Probleme des Katecheten ... 145
2. Schwierigkeiten von seiten des Hörers ... 149
3. Situative Störfaktoren ... 152
4. Zusammenfassung ... 155

VII
Herr, deine Weisheit sei bei mir ... 158

Eine Meditation zu Weish 9, 1–6.9–11

Anmerkungen ... 165

Vorwort

> Ein Lebemeister
> ist mehr wert
> als tausend
> Lesemeister
> *Meister Eckhart*

Dieses Buch wendet sich in erster Linie an Seelsorger. Es möchte mit ihnen die Erfahrungen durchdenken, die sie als Seelsorger machen: am Krankenbett und in den Gremien, am Telefon und beim Hausbesuch, beim Glaubensgespräch und im Urlaub. Genaugenommen verdient ja nur das Erlebnis überhaupt „Erfahrung" genannt zu werden, das nachträglich noch einmal angeschaut, verarbeitet und – auch in seinen Zwiespältigkeiten und seinem Ungenügen – akzeptiert wird. Das aber ist eine Sache des Glaubens, und in diesem Sinn geht es hier um Spiritualität.

Wer heute von Spiritualität redet, gerät rasch in den Verdacht, nostalgisch (oder auch nur clever) dem Trend zu folgen, der auf Meditation und Innerlichkeit setzt, statt auf Reflexion und Politik. Wie uns jedoch gerade die Kirchen der Dritten Welt zeigen, sind dies in Wahrheit keine Gegensätze. Die nachstehenden Beiträge – in den letzten 15 Jahren als Antworten auf pastorale Herausforderungen formuliert – bemühen sich entsprechend um eine Spiritualität, die geistlich und nüchtern zugleich ist: einfach, realitätsbezogen und deshalb auch kritisierbar.

Einfach ist eine Spiritualität, wenn sie die unterschiedlichen Felder pastoralen Handelns übergreift und in der Personmitte des Seelsorgers zu bündeln vermag; realitätsbezogen, wenn sie nicht aus dem Seelsorgsalltag herausführt, sondern in ihn hinein, d. h. ihn genauer wahrzunehmen und lebendiger, neugieriger, gelassen zu erleben hilft; kritisierbar ist sie, wenn sie sich den Erfahrungen, die gegen sie sprechen, nicht durch fromme Sprüche entzieht, sondern bereit ist, sich mit neuen Erfahrungen selber zu wandeln: Spiritualität muß zu etwas taugen.

Was im Umfeld kirchlicher Berufe als „Spiritualität" bezeichnet wird, begegnet in anderen Berufsfeldern als „Berufsethos" (des Arztes, des Pädagogen, des Journalisten, des Politikers). Wir meinen damit eine Haltung, in die ein Mensch erst durch längere Berufspraxis hineinwächst und die dazu führt, daß er sich von seinem Beruf her versteht und umgekehrt die Berufsrolle ganz selbstverständlich von seinem Ich her ausfüllt. Er hat ein Bewußtsein davon, was er tut und warum er dies tut (und was er warum nicht mehr tut).

Solcherart „berufliche Identität" setzt natürlich voraus, daß jemand bereits ein Selbst entwickelt hat, das er in seinen Beruf einbringt. Reifungsdefizite, z. B. hinsichtlich seiner Geschlechtsrolle, können von der beruflichen Arbeit und vom Berufsethos schwerlich aufgefangen werden, schlagen vielmehr ihrerseits immer wieder auf die Berufsrolle durch und stören sie. Ebensowenig kann eine Spiritualität der kirchlichen Berufe Reifungsstörungen auf der Ebene des Lebens und des Glaubens einfach kompensieren. Vielmehr kann eine solche spezifische Spiritualität nur vom Glauben als gemeinsamer Berufung aller Christen her aufgebaut werden. In diesem fundamentalen Verständnis meint „Spiritualität" die Haltung des Christen, der sich in der Nachfolge Jesu seinem Geist öffnet. „Spiritualität" leitet sich ja etymologisch ab von *spiritus* (lateinisch), *pneuma* (griechisch), *ruah* (hebräisch), das heißt von jener schöpferischen Lebensmacht, die von Gott ausgeht und der sich alles Lebendige auf dieser Erde verdankt.

Sie wehrt sich darum vom Ansatz her gegen jede Form von Einengung: auf das Gedankliche allein – sie ist ganzheitlich, umfaßt den Lebensstil insgesamt, das Detail, die kleinen Dinge; auf das Berufliche allein – sie will ja den Beruf von der vorberuflichen Ebene her vitalisieren; auf ein Standesbewußtsein allein – sie will gerade die Engführungen „standesgemäßen Lebensstils" kreativ aufbrechen.

Von hierher kommen einige Engführungen der klassischen „priesterlichen Spiritualität" in den Blick, zu deren Überwindung dieses Buch beitragen möchte.

Soweit sie sich als Standes- und Sonderspiritualität verstand, pflegte sie sich nicht genug an die christliche Spiritualität zurückzubinden, sondern umgekehrt zentrale Verheißungen, die dem Glauben insgesamt gemacht sind, dem priesterlichen Stand zu reservieren. Abgesehen von der darin offenbaren Tendenz zur Abwertung des Volkes Gottes (es gibt ja kaum einen Begriff, der ihm nicht abgesprochen worden wäre: z. B. „geistlich, Brüder, heilig, Priester, Seelsorge, Kirche, Berufung") führte dies dazu, daß sich die in den letzten Jahrzehnten entwickelte Laienspiritualität trotz aller gegenteiligen Beteuerungen insgeheim doch vom Kontrast zum Priestertum her versteht. Diese beiden Mentalitäten stoßen heute dort am härtesten aufeinander, wo am meisten Gemeinsamkeit nötig wäre: im Zusammenwirken von Priestern und Laien in den Gemeinden.

Vor diesem Hintergrund geht es hier um eine gemeinsame Spiritualität von Priestern und Laien im pastoralen Dienst. Seelsorge ist heute nirgends mehr von Priestern alleine zu leisten (wenn dies je der Fall war). Wo immer aber die Zusammenarbeit von Priestern und Laien, Hauptamtlichen und Ehrenamtlichen, Männern und Frauen ernsthaft gewagt wurde, hat sie in den letzten Jahren zu Erfahrungen geführt, die die ältere, an den „Ständen" orientierte Spiritualität in den Hintergrund treten ließen: der gemeinsame Weg wurde wichtiger als die unterschiedlichen Ausgangspunkte, die überraschenden Entdeckungen wichtiger als die verschiedenen Vollmachten.

Die entscheidende Entdeckung hat Johannes Paul II. formuliert: „Der Weg der Kirche ist der Mensch" (Redemptor hominis). Darum bezeichnet der Titel dieses Buches nicht nur eine liebenswürdige Seite von Seelsorge, sondern ihren letzten theologischen Maßstab: die Menschwerdung der Menschen unter Gottes Augen. Dazu ist Gott Mensch geworden. Dazu braucht es Seelsorge. Dazu braucht es Seelsorger, die selber Menschen sind.

Die zentrale Frage, die die folgenden Beiträge zusammenbindet, lautet darum: Welche Chancen bestehen, daß man unter den Bedingungen gegenwärtiger Pastoral – als Laie, Priester oder Bischof, im Gemeindedienst, im Krankenhaus oder an der Hochschule – ein Mensch bleibt, richtiger: ein Mensch wird?

Weil sie mich mit dieser Frage nicht im Stich ließen, widme ich dieses Buch drei siebzigjährigen „Lebemeistern": P. Theophil Lamm, Dr. Johannes Bours und Frau Eva Grätz.

Würzburg, im Januar 1985 *Rolf Zerfaß*

I
Seelsorge als Gastfreundschaft

Es gibt eine Reihe von Gründen, sich neu darüber Gedanken zu machen, was heute Seelsorge sein könnte; dahin gehören die neuen Erfahrungen von Seelsorgern im säkularen Milieu (etwa einer modernen Universitätsklinik), die Übernahme von Laien in den pastoralen Dienst und auch der fundamentale Wandel des Kirchenbildes in der Perspektive der Gläubigen[1]. Diese Erfahrungen nötigen nicht nur zu neuen Seelsorgsmethoden, sondern lassen auch nach neuen Leitbildern, nach einer neuen Spiritualität von Seelsorge fragen, die der konkreten Situation der Kirche in unserer Gesellschaft Rechnung tragen, aber zugleich biblisch begründet sind und bis in die Alltagserfahrungen der Seelsorger hinein Orientierung zu geben vermögen.

Mir scheint im alten Motiv der Gastfreundschaft ein Modell seelsorglichen Handelns gegeben, vorausgesetzt, es gelingt uns, wieder zu entdecken, was Gastfreundschaft meint[2]. Wir wissen nämlich nicht mehr, was Gastfreundschaft ist, nachdem wir die Kultur des Umgangs mit dem Fremden aus vielerlei Gründen verloren haben.

Ich selber habe die Gastfreundschaft auf einer Fahrt in die Bretagne wieder entdeckt, als wir spätabends in St. Maur, einem Kloster am Unterlauf der Loire, ankamen, das inzwischen als Familienerholungsstätte dient.

Seelsorge als Gastfreundschaft

Wir waren zwar brieflich angemeldet, hatten uns aber sehr verspätet – und saßen doch schon eine halbe Stunde später am Ende eines langen Tisches im Refektorium vor der aufgewärmten Abendmahlzeit mit sämtlichen Vor- und Nachspeisen. Das Nachtlager war denkbar einfach unter dem alten, eichenen Dachgebälk des ausgebauten Klosterspeichers, und der Sonnenaufgang über den Nebeln der Loire war unvergeßlich schön; da fand ich am Eingang zum Kloster eine Begrüßungstafel, die mir das Geheimnis dieser kleinen Insel der Menschlichkeit lüftete:

Du kommst jetzt zu uns herein – sei willkommen.
Die Kommunität von St. Maur freut sich, dir eine Rast auf deiner Reise anbieten zu können.
Gib dich aber nicht damit zufrieden, von uns zu profitieren, die hier in der Abtei leben.
Laß uns auch profitieren von dem, was du lebst, was du weißt und was du hoffst.
Schenke uns die Gemeinschaft mit dir als Gegengabe für dein Zusammensein mit uns.
Daß unser Zusammentreffen an diesem Ort dazu führt, miteinander zu sprechen und miteinander zu teilen – das wünschen wir und nichts anderes.
Die Abtei von St. Maur wird das sein,
was wir hier gemeinsam tun.

Diese kleine Inschrift umreißt treffend, was Gastfreundschaft einmal war und was wir wohl wieder neu lernen müssen: Gastfreundschaft hat wenig mit aufwendigem Service für den anderen zu tun – ob er vergütet wird oder nicht, kann einmal beiseite bleiben –, aber hat viel zu tun mit Freundschaft, d. h. mit Partnerschaft, mit Teilen, Geben und Nehmen. Der Fremde wird hier nicht als Kunde angesprochen, der sich für sein Geld eine Unterkunft erkauft, sondern als Mensch, der etwas Kostbares mitgebracht hat: sich selbst. Er wird nicht zum Konsumenten herabgewürdigt, sondern auf seinen Teil Verantwortung dafür aufmerksam gemacht, daß die Tage, die er mit seinen Gastgebern verbringt, für beide erfüllte Tage sind.

Solche Gastfreundschaft könnte ein Modell von Seelsorge sein, weil hier ein Klima entsteht, das mit Erlösung zu tun hat. Was müßte es Menschen guttun, in unseren Gemeinden auf ein solches Klima zu treffen! Und dürfen sie das eigentlich nicht erwarten?

Seelsorge von der Gastfreundschaft her zu verstehen erfordert also zunächst, neu zu lernen, was Gastfreundschaft eigentlich ist.

1. Die humane Perspektive:
Je mehr unsere Welt in Bewegung kommt, um so wichtiger wird es, Gastfreundschaft zu wagen.

Der Umgang mit dem Fremden ist immer schon ein kulturelles Problem gewesen; er wurde immer ambivalent erlebt: als verheißungsvoll und risikoreich. Er ist im Rahmen der verschärften Wirtschaftslage in den letzten Jahren zu einem gesellschaftspolitischen Problem erster Ordnung aufgerückt[3]. Fremdenangst und Fremdenfeindlichkeit wachsen mit den wirtschaftlichen Engpässen und zwingen die Politiker zu einer defensiven Gesetzgebung. Die Kirchen fühlen sich zu Stellungnahmen und sozialem Engagement für die Fremden herausgefordert, entdecken aber zugleich, daß sie selber das Problem bislang zuwenig politisch begriffen haben und im Kirchenvolk zuwenig moralische Reserven für eine gute politische Lösung mobilisieren können[4]. Ja, die verschärfte Diskussion über

Vorurteilsstrukturen und Marginalisierungstendenzen bringen der Kirche zu Bewußtsein, daß sie sich selber auch schwer tut im Umgang mit den Fremden: den Jugendlichen, die sich in der Kirche fremd vorkommen, den Fernstehenden, die Kardinal Höffner treffend als „Kirchenfremde" charakterisiert hat[5] oder auch nur auf Gemeindeebene in der Integration der Neuzugezogenen in den Ortskern (was in unseren Dörfern fast nirgends gelingt). Liegt in der Wahrnehmung der Fremden als „Störenfriede" die Chance, unsere eigene Aufgabe als Kirche in dieser Gesellschaft neu zu begreifen?

Was wir als Störung erleben, ist nicht ein Randphänomen, sondern ein Symptom dafür, daß wir in einer Welt der Fremden leben, einer Welt von Menschen, die unterwegs sind – geschäftlich oder im Rahmen ihrer Ausbildung, als Touristen, Soldaten, Gastarbeiter, Flüchtlinge oder Auswanderer –, jedenfalls aktuell abgeschnitten von ihrer Heimat, ihrem kulturellen, sozialen Hinterland, von ihren Familien und Freunden, damit aber auch abgetrennt von ihrer Biographie, ihrer eigenen Vorgeschichte und so auch von ihrem Gott[6]. Wir leben in einer Welt der Fremden, denn die Nöte des modernen Menschen – Anonymität, Angst, Einsamkeit, Orientierungsverlust – sind in weitem Umfang eine Folge der horizontalen und vertikalen Mobilität in unserer Gesellschaft, einer Mobilität, die wir uns nicht aussuchen können, sondern die ihrerseits Ausdruck eines umfassenden sozialen Wandels ist.

Dadurch ist gewiß die Toleranz füreinander gewachsen, aber auch die Vorsicht, das Mißtrauen, die Feindseligkeit. Wir müssen immer mehr Geld und Personal einsetzen zum Schutz unseres Eigentums, unserer Politiker, unserer Flughäfen; die „innere Sicherheit" wird zu einem politischen Thema erster Ordnung. Aber auch in Klassenzimmern und Lehrwerkstätten wächst mit dem Konkurrenzdruck die Feindseligkeit; die Angst vor Arbeitslosigkeit verführt die jungen Menschen dazu, sich gegenseitig zu blockieren und um das Ziel gemeinsamer Arbeit zu bringen. Die großen Reformvorstellungen vom herrschaftsfreien Dialog und vom teilnehmerorientierten Lernen brechen in dieser Atmosphäre der Feindseligkeit zusammen: Der Mensch ist des Menschen Feind.

Es ist hilfreich, sich klarzumachen, daß hier eine uralte Angst aufbricht. In allen frühen Kulturen ist der Fremde zuerst einmal der Feind, der von außen her plötzlich im überschaubaren Kosmos des eigenen Lebensraumes auftaucht und diesen Kosmos schon dadurch in Frage stellt, daß er anders ist als „wir": anders gekleidet, einer anderen Sprache mächtig, anderen Göttern untertan. Ganz frühe Kulturen vernichten darum den Fremden schonungslos, und noch im vorklassischen Latein meint das Wort *hostis* zugleich den Fremden und den Feind. Auf diesem Hintergrund wird deutlich, daß die antike und biblische Gastfreundschaft keinesfalls dem naturwüchsigen Edelmut der sogenannten unverdorbenen Naturvölker entspringt, sondern bereits eine Kultur des Umgangs mit dem Fremden darstellt, eine Sitte, die die eigenen Aggressionen gegenüber dem Fremden bändigt und kanalisiert. Tiefenpsychologisch interpretiert: gerade weil der Fremde Vernichtungswünsche weckt, ist er „tabu", steht er unter dem Schutz der Götter. Darum entwickeln diese Kulturen ein Gastrecht; so kommt es, daß bei den Griechen das Wort *xenos* zugleich den Fremden und den Gast bezeichnet. Diese neue kulturelle Stufe des Umgangs mit dem Fremden setzt die Erfahrung voraus, daß es nützlicher sein kann, den Fremden nicht zu töten, sondern von ihm zu profitieren, indem man z. B. Informationen, Waren und Schwiegertöchter austauscht.[7]

Wo sich solche Gastlichkeit ausbildet, setzt sie dann auch kostbare menschliche Züge frei: Wie Abraham (Gen 18,1–10a) die drei Fremden herbeikomplimentiert, ihre erschöpften Füße umsorgt, im Zelt verschwindet, um die alte Sara auf Trab zu bringen, schließlich in der Manier des vollendeten Gastgebers mit Kalbfleisch, Sauermilch und frischer Milch die Fremden bewirtet, die sich unter dem Baum gütlich tun – das ist vollendete Gastronomie und zugleich eine prächtige Mischung aus Neugier, Verhandlungstaktik, Freude am Leben und Zeit zum Leben. Ein solcher Text macht schlagartig sichtbar, wieviel Menschlichkeit wir alle eingebüßt haben, seit wir in unserer arbeitsteiligen Gesellschaft darauf verfallen sind, das Problem der Fremden durch professionelle Gastgeber zu lösen: durch Hoteliers und Herbergsväter für jedes Anspruchsniveau, bis hinunter zum Sozialarbeiter, der das städtische Fremdenasyl betreut. Schlecht ist diese Entwicklung nicht deshalb, weil die Professionellen des Fremdenverkehrs ihre Sache schlecht machten, sondern weil die professionelle Gastfreundschaft gewissermaßen ihren Mutterboden eingebüßt hat: die Kultur des Umgangs mit dem Fremden als ein Stück Lebenskunst im Alltag.

2. Die theologische Perspektive: Gastfreundschaft ist tief in der christlichen Tradition verwurzelt und bindet die Tätigkeit des Seelsorgers an die Grundstruktur christlichen Handelns.

Wenn wir in die kirchliche Überlieferung zurückfragen[8], begegnet uns Gastfreundschaft in der Reihe der „sieben Werke der leiblichen Barmherzigkeit" (im Anschluß an Mt 25 und Tob 1, 17 formuliert). Aber solche moraltheologischen Systematisierungen sind meist ein Symptom dafür, daß der ursprüngliche „Sitz im Leben" in Vergessenheit geraten ist. Dieser ursprüngliche gesellschaftliche Kontext wird erst sichtbar, wenn wir uns zwei Zeugnissen der neutestamentlichen Gemeindekatechese zuwenden.

Gastfreundschaft als „alternativer Lebensstil" (Röm 12, 13)

In Röm 12, 13 erscheint die Gastfreundschaft als Ausdruck jenes alternativen Lebensstils, den die Christen in der Kraft des Geistes entwickeln: „Und richtet euch nicht nach dieser Welt, sondern wandelt euch um durch die Erneuerung des Sinnes, um durch Erfahrung zu lernen, was der Wille Gottes ist: das Gute und Wohlgefällige und Vollkommene. Nehmt euch der Bedürfnisse der Heiligen an; pflegt die Gastfreundschaft! Segnet, die euch verfolgen, segnet und fluchet nicht!" (Röm 12, 2.13 f.). Die Gastfreundschaft der frühen Gemeinden ist nicht eine private Übung der Werke der Barmherzigkeit, sondern ein Stück des neuen Milieus, das entsteht, wo die Gottesherrschaft Platz greift. Sie ist eines der Merkmale, an denen die Kirche Christi erkennbar ist: einig, heilig, katholisch, apostolisch und gastfreundlich. Die frühe Kirche ist ja eine „Kirche in den Häusern"; ohne die Gastfreundschaft ungezählter einzelner Christen und früher Christengemeinden ist die Ausbreitung des Glaubens in den ersten Jahrhunderten überhaupt nicht zu verstehen. Auf der praktizierten Gastfreundschaft, die dazu führt, daß die ersten Stadtgemeinden auch zu den ersten Organisatoren von Hospizen und Volksküchen werden, beruht ein Großteil der Faszination des Christentums in der antiken Welt.

Diese Gastfreundschaft ist riskant; es gibt ja noch keine Personalausweise und keine Polizeikontrollen. Sie wird gewagt, weil die frühen Christengemeinden selber sich als Fremde fühlen, als Beisassen, die außerhalb des Schutzes stehen, den Bürgerrechte zu gewähren vermögen; denn ihr Bürgerrecht ist „in den Himmeln", und von dort erwarten sie auch „als Heiland den Herrn Jesus Christus" (Phil 3,20). Diese Gastfreundschaft ist also Ausdruck einer eschatologischen Frömmigkeit, d. h. Praxis einer Kirche, die davon überzeugt ist, hier „keine bleibende Stätte" zu haben (Hebr 13,14), die sich im Rückgriff auf das Alte Testament neuerlich als „wanderndes Volk Gottes" begreift und deshalb auch die alttestamentliche Kultur des Umgangs mit dem Fremden in die eigene Gemeindeethik aufnimmt: „Achtet auf den Fremden, der unter euch lebt. Ihr wißt doch, wie es dem Fremden zumute ist. Ihr wart doch selber Fremdling in Ägypten" (Ex 23,9).

Gastfreundschaft als Gotteserfahrung (Hebr 13,1)

Auf diese alttestamentlichen Erfahrungen greift Hebr 13,1 zurück und macht damit ebenfalls deutlich, wie wenig biblische Gastfreundschaft auf ein Werk der Barmherzigkeit reduzierbar ist: „Vergeßt nicht die Gastfreundschaft; durch sie haben manche Engel beherbergt und wußten es nicht." Gastfreundschaft ist nicht ein Mittel, heilig zu werden, sondern dem Heiligen zu begegnen. „Bei der Eiche Mamres, während er am Eingang seines Zeltes saß, als der Tag am heißesten war" (Gen 18,1), ist es ja Jahwe selbst, der dem Abraham erscheint. Über der Gastfreundschaft, die er drei Fremden erweist, empfängt er die ersehnte Verheißung: Sara erhält die Zusage, übers Jahr den Sohn zu gebären, auf den Abraham ein Leben lang gewartet hat. So erfüllt sich in der Abraham-Erzählung, wovon viele Mythen zu erzählen wissen: im Fremden begegnet uns Gott. Vor diesem Hintergrund sagt Jesus: „Ich war fremd, und ihr habt mich beherbergt" (Mt 25,36). Weil der Fremde, der auf mich zukommt, ein geheimnistiefer Abgrund ist, abgründig wie Gott selbst und sein Ebenbild – ist er ein möglicher Ort der Offenbarung Gottes.

Begreifen wir, daß uns mit dem Wegbrechen der Gastfreundschaft in unserer Gesellschaft eine elementare Chance verlorengegangen ist, Glaubenserfahrung zu machen? Daß sich nicht nur die Chancen vermindert haben, einander spontan und kreativ zu begegnen. Hier, im Respekt vor der Andersartigkeit des anderen, könnte ich ‚durch Erfahrung lernen', wer Gott ist (Röm 12,13), ein Gott, der nicht von uns selbst erdacht ist, nicht nach unserem Bild und Gleichnis gemacht, nicht wieder nur der Familiengötze, der auf unserem

Hausaltärchen Platz hat. Ob nicht darin der Grund zu suchen ist, warum aus dem Gesamt der Weihnachtsgeschichte kein Detail einen so breiten Widerhall in der Frömmigkeit des Volkes gefunden hat, wie das Motiv der Herbergssuche? Was anders als die Sorge, noch einmal Gott im Fremden verfehlen zu können, steht hinter dem alten Brauch der Eifelbauern, während der Heiligen Nacht ein Licht im Hause brennen und eine Tür die ganze Nacht über offen zu lassen?

Gleiches gilt in anderer Weise für die Ostererzählungen: keine Geschichte hat in der Ikonographie mehr Resonanz gefunden als die Erzählung vom Weg nach Emmaus, auf dem sich den Jüngern ein Fremder zugesellt, der sich dann als der Auferstandene offenbart. Die Gastfreundschaft der alten Kirche stellt also eine Sozialform frühchristlicher Hoffnungsspiritualität dar. In der neuen Exodusgemeinde, die sich unter die Heiden zerstreut, ist Gastfreundschaft ein Ausdruck der Solidarität „in der Trübsal und im Ausharren auf das Kommen des Reiches in Jesus Christus" (Offb 1,9). Sie wird nicht nur als Tat der Barmherzigkeit, sondern als Chance der Gottbegegnung begriffen, wobei in großer Freiheit offenbleibt, ob Gott in der Gestalt des Fremden oder in der Gestalt des Gastgebers erscheint. So in den Gleichnissen Jesu, wo er die Fremden, Armen und Krüppel von den Landstraßen hereinholt (Lk 14,21f.) oder den wachenden Knechten verheißt, er selber würde „sich gürten, sie Platz nehmen heißen und selber umhergehen und sie bedienen" (Lk 12,37), wie das Jesus in der Stunde seines Abschieds tat (Joh 13,1–15).

3. Die praktische Perspektive:
Seelsorge als Gastfreundschaft will gelernt sein; als aufnahmebereite, freiraumschaffende, partnerschaftliche und zeitlich befristete Weise der Zuwendung vermag sie dem Leben der Gemeinden und der täglichen Seelsorgsarbeit befreiende Impulse zu geben.

Gastfreundschaft wird heute als ein Zeugnis von großer Ausstrahlungskraft wiederentdeckt, das dem einzelnen möglich ist[9], von dem Gemeinden und klösterliche Gemeinschaften sich inspirieren lassen[10] und das schließlich auch die Seelsorge verwandeln kann, und zwar nicht nur im engeren Bereich der Kur- oder Tourismuspastoral und der Ausländerseelsorge[11]. Sie zielt vielmehr gerade darauf, diese Sonderbereiche wieder in das Ganze des kirchlichen Lebens zurückzubinden, indem sie beharrlich fragt, ob wir die Millionen Fremdarbeiter, die inzwischen unter uns leben und die wir gewiß mit Seelsorgern ihrer Heimatländer zu versorgen bemüht waren, wirklich bei uns aufgenommen haben. Ganz zu schweigen von den Angehörigen fremder Religionen, die unter uns leben. Wo steht ein Pfarrsaal bereit, daß Türken oder Pakistani dort ihren Gebetsteppich ausrollen? An Herbergsraum fehlt es den Kirchen in der Bundesrepublik ja wahrhaftig nicht! Oder ist es besser, wenn die Religiosität dieser Moslems im säkularisierten Milieu unserer Industriestädte lautlos zerfällt? Eine von Gastfreundschaft geprägte Pastoral hat eine eminent missionarische Kraft, weil sie auf Proselytenmacherei verzichtet. Wo Seelsorge sich als Gastfreundschaft versteht, wird sie nämlich von sich her als Geste der Menschenfreundlichkeit, als Versuch der

Rettung des Menschen, als Angebot der Erlösung für alle verständlich. Wo eine Kirche begreift, daß die „Kirchenfremden" Teil einer Welt der Fremden sind und deshalb heute nicht mehr eine Ausnahme, sondern in zunehmendem Maß den Normalfall darstellen – jedenfalls in den Städten –, wird sie aufhören, ihnen zuerst mit Vorwürfen zu begegnen, statt sie „ohne Hintergedanken" (2 Kor 4,6) aufzunehmen. Gastfreundschaft, wie ich sie in der Kommunität von St. Maur erlebt habe, könnte unsere Gemeinden wieder zu einem „Brief Christi" machen, „erkannt und gelesen von allen Menschen, geschrieben nicht mit Tinte, sondern mit dem lebendigen Geist Gottes, geschrieben nicht auf Tafeln aus Stein, sondern auf Tafeln aus Fleisch" (2 Kor 3,3). Seelsorge muß in diesem Sinne allgemein verständlich, mit dem Lebensgefühl der Menschen vermittelbar sein, wenn wirklich das Heil der Menschen das oberste Gesetz der Seelsorge ist. Gastfreundliche Seelsorge verzichtet darauf, sich durch Rekurs auf Mysterien zu legitimieren; sie benennt die Maßstäbe, an der man sie messen kann. Sie entzieht sich nicht schlau der Kritik der gesellschaftlichen Öffentlichkeit oder der einschlägigen Humanwissenschaften. Sie setzt sich dieser Kritik aus und hält ihr stand.

Gastfreundliche Seelsorge hat ein charakteristisches Profil:

Gastfreundliche Seelsorge ist *aufnahmebereit*. Ich habe nicht den Eindruck, daß wir dies in der Bundesrepublik schon begriffen hätten. Zur Illustration zwei Beispiele: Auf dem Faltblatt am Eingang der St. Peter Church in der City von New York las ich im September 1979:

„Dies ist Gottes Haus. Komm herein, mach es zu deinem! Die Leute von St. Peter laden dich herzlich ein, hier zu verweilen, um zu beten und nachzudenken.
Du bist auf der Suche nach einem erfüllteren Leben; verbünde deinen Glauben mit dem unseren."

Beim Betreten der Marienkapelle in der City von Würzburg war zum gleichen Zeitpunkt zu lesen:

„Die Marienkapelle ist ein Gotteshaus, kein Museum! Die Würde des Gotteshauses gebietet: Ehrfurcht, größte Ruhe, anständige Haltung! Umhergehen während des Gottesdienstes ist untersagt!"

Wie mag es einem Fremden gehen, der, vom überfüllten Marktplatz kommend, arglos den Fuß in diese Kirche setzt – und das sind viele Tausende in einem Jahr!

Wir trommeln das Geld zusammen für kostspielige Renovierungen, aber dazu, daß, wie in den ärmsten romanischen Dorfkirchen Frankreichs, ein Tonband mit Flötenmusik aus dem Frühbarock den Eintretenden grüßt oder eine Choralmelodie ihm den Raum erschließt, dazu reicht unsere Phantasie nicht aus[12].

Ungastlich ist auch der Eindruck beim Betreten eines durchschnittlichen Pfarrhauses – Pardon: Pfarrbüros. Falls man nicht vor dem überfüllten Schreibtisch der Sekretärin abgefertigt, sondern tatsächlich in ein Sprechzimmer hineinkomplimentiert wird, ist auch dies in aller Regel ein Ausbund an Ungastlichkeit: uralter, ererbter Wohnzimmertisch oder billigste Kaufhausstühle, gehäkelte Tischdecke oder Resopalplatte, stapelweise Heftchen, Bistumsblätter, Gotteslob, in der Ecke die Abziehmaschine für das Pfarrblatt; auf dem Tisch der überdimensionale Aschenbecher der Baufirma, die vor 15 Jahren das Kirchendach reparierte. Der Pfarrer wühlt in Abrechnungen oder diktiert einen Brief, die Aktentasche für die nächste Religionsstunde unterm Arm. Seine nervösen Augenbrauen verraten: „Was immer du auf dem Herzen haben mögest, lieber Christ, fasse dich kurz; wir sind hier vollbeschäftigt! Womit, fragst du? Mit Akten, wie du siehst! Mit der elenden Verwaltung, die uns Seelsorger kaputt macht ..." Gastfreundliche Seelsorge ist eine energische Alternative zum üblichen Umgangsstil unserer Gesellschaft; sie geht davon aus, daß den Menschen in dieser hektischen Welt nichts so gut tut wie ein Platz, an dem sie verschnaufen, Atem holen, das Visier hochklappen, die Waffen ablegen können, weil sie spüren: hier muß ich nicht schon wieder etwas „bringen", hier darf ich mich gehenlassen, ohne Angst haben zu müssen, daß mir dies zum Nachteil gerät[13].

Treffend sagt es ein kleines Gedicht von R. Kunze:

Einladung zu einer tasse jasmintee

Treten Sie ein, legen Sie Ihre
traurigkeit ab, hier
dürfen Sie schweigen

Seelsorge, die sich als Gastfreundschaft begreift, ist eine *freiraumschaffende Weise der Zuwendung* zum anderen. Freiräume zu schaffen ist in unserer hektischen, besetzten, verplanten Welt nicht nur ein Kunststück, sondern schon ein Wunder im theologischen Verständnis: ein Akt der Austreibung der Dämonen. Denn die Dämonie unserer Terminkalender besteht darin, das gesamte Leben vorweg so zu verplanen, daß für echte Überraschungen, für wirkliche Einbrüche des Fremden kein Raum mehr ist.

In dieser unserer besetzten, verplanten Welt einen Freiraum für den andern zu schaffen, ist nur mit der

Anstrengung eines Polizisten vergleichbar, der inmitten einer Menschenmenge, die in Panik geraten ist, versucht, für einen Ambulanzwagen Platz zu schaffen, damit er das Unfallzentrum erreichen kann. „Das Paradox der Gastfreundschaft besteht darin, daß sie ein Vakuum schaffen will, kein angsterfülltes Vakuum, sondern ein einladendes Vakuum, das Fremden zugänglich ist und zu der Entdeckung verhilft, daß sie als freie Menschen geschaffen sind; frei, ihre eigenen Lieder zu singen, frei, ihre eigene Sprache zu sprechen, frei, zu tanzen wie zu Hause, und auch frei, wieder zu gehen und dem zu folgen, zu dem sie selbst berufen sind."[14]

„Darum ist das holländische Wort für Gastfreundschaft ‚Gastvrijheid', d.h. es geht darum, dem Gast eine Freundschaft anzubieten, ohne ihn zu binden, und eine Freiheit, ohne ihn allein zu lassen."[15]

Wie Seelsorge als Gastfreundschaft aussieht, hat wiederum R. Kunze beschrieben:

Pfarrhaus
(für pfarrer W.)

Wer da bedrängt ist findet
mauern, ein
dach und
muß nicht beten.

Eine Seelsorge, die wieder das Vertrauen der Menschen zurückgewinnen will, muß gerade ihre verdeckten Ansprüche aufgeben. Im Klartext heißt das: Gastfreundschaft ist nicht dazu da, die Leute zu ändern, sondern ihnen einen Raum anzubieten, in dem Veränderung für sie möglich wird.

„Sie besteht nicht darin, Männer und Frauen auf unsere Seite zu ziehen, sondern darin, eine Freiheit anzubieten, die von Parteigrenzen nicht beeinträchtigt wird. Sie besteht nicht darin, unseren Nächsten so in die Enge zu treiben, daß ihm keine Wahl mehr bleibt, sondern darin, einen breiten Fächer von Möglichkeiten zur freien Auswahl und zur Entscheidung anzubieten. Sie besteht nicht in einem gekonnten Einschüchterungsversuch mit guten Büchern, guten Geschichten und guten Werken, sondern in der Befreiung angsterfüllter Herzen, die den Boden bereiten will, auf dem Worte Wurzeln schlagen und reiche Frucht bringen können. Sie besteht nicht darin, unseren Gott und unsere Lebensweise zum entscheidenden Maßstab für das Glück zu machen, sondern darin, anderen Gelegenheit zu bieten, ihren Gott und ihre Lebensweise zu finden."[16]

Gastfreundliche Seelsorge ist daher besorgt um eine *partnerschaftliche Balance im Geben und Nehmen*, d.h. sie ist bereit, von den Erfahrungen der Kirchenfremden zu lernen, sie zu achten und ernst zu nehmen und als Geschenk für sich selbst entgegenzunehmen. Hier ist freilich unsere Sprache verräterisch: das Wort „Gastgeber" legt, wie der Begriff „Arbeitgeber", die Rolle des einen ausschließlich auf das Geben und die des anderen, des Gastes wie des Arbeiters, ausschließlich auf das Empfangen fest. Daß in der sozialen Wirklichkeit auch diese beiden etwas geben und umgekehrt Arbeitgeber und Gastgeber eine Menge empfangen, wird durch die Sprache aus dem Bewußtsein gehalten zugunsten eines schlechten Gefälles:

Der Gastgeber, ohnehin in seinen eigenen vier Wänden in der stärkeren Position, hat die Chance, die Szenerie zu entwerfen, vor der sich die gesamte Begegnung abspielt. An dem Aufwand, den er treibt, kann er dem Gast ohne Worte deutlich machen, wieviel er ihm wert ist und daß er erwartet, diese seine Investitionen würden auch angemessen gewürdigt. Vom Gast, der ohnehin auf fremdem Feld spielen muß, wird dementsprechend vor allem verlangt, das Programm zu akzeptieren, das der Gastgeber „so liebevoll ausgesucht" hat. Unter solchen Bedingungen ist Gast zu sein oder Gäste zu haben kein Aussteigen aus den bösen Spielen unserer Gesellschaft, sondern ihre Wiederholung auf anderer Ebene. Anders die Mönche von St. Maur. Sie möchten ihren Gast kennenlernen; was er erfahren hat, wofür er lebt, wovon er träumt, betrachten sie als ein Gastgeschenk, das ihr eigenes Leben reicher macht.

Nur wer in der seelsorglichen Begegnung erleben darf, daß er auch etwas zu geben hat, kann unser Freund werden: „Sich um andere zu kümmern, ohne ihnen gastfrei zu begegnen, schadet mehr als es nützt und führt leicht zu Manipulation und Knechtung, Knechtung in Gedanken, Worten und Werken. Ganz ehrliche Gastfreiheit bedeutet, daß wir den Neuankömmling zu seinen oder zu ihren Bedingungen, und nicht zu unseren eigenen, in unsere Welt bitten. Wenn wir sagen: ‚Sie können mein Gast sein, wenn Sie glauben, was ich glaube, wenn Sie denken wie ich und wenn Sie meinen Lebensstil übernehmen', machen wir die Liebe von Bedingungen abhängig oder fordern für sie einen Preis. Das führt schnell zur Ausbeutung und macht aus der Gastfreundschaft ein Geschäft. In unserer Welt, in der so viele Glaubensbekenntnisse, Weltanschauungen und Lebensformen immer mehr miteinander in Berührung kommen, ist es wichtiger denn je, einzusehen, daß es zum Wesen christlicher Spiritualität gehört, unsere Mitmenschen in unserer Welt willkommen zu heißen, ohne ihnen die Übernahme unseres Glaubensstandpunktes, unserer Weltanschauung oder unseres Gebarens als Bedingung für Liebe, Freundschaft und Betreuung aufzunötigen".[17] Jesus sagt: „Wenn du ein Mittagsmahl oder ein Abendessen geben willst, so lade nicht deine Freunde, Geschwister oder deine Verwandten oder reiche Nachbarn ein" (Lk 14,12), sondern Arme und Krüppel. Was dann passiert, wird sich herausstellen, und mit dieser Erfahrung werden wir weiterkommen. Die Vorstellung, daß wir nicht nur als einzelne Christen diesen schlichten Rat Jesu ernst nehmen, sondern auch als christliche Gemeinden, Bildungsstätten, Bistümer nicht nur politische Freunde und ökumenische Verwandte oder reiche Nachbarn einladen, sondern auch politische Gegner und weltanschauliche Konkurrenten, löst zunächst vielleicht noch Schwindelgefühle aus. Aber es wird zur Verlebendigung unserer Gemeinden, des blutarmen kirchlichen Bildungsbetriebs und auch der Dynamik einer diözesanen Ortskirche ungleich mehr beisteuern als die vielen „Anregungen" und „Handreichungen" die von gut bezahlten Bildungsreferenten am Schreibtisch ausgedacht und für teures Geld ungebeten und gebührenfrei in die Pfarrhäuser gekarrt werden. Gastfreundliche Seelsorge braucht das alles nicht; sie gewinnt ihren Gesprächsstoff aus der Begegnung lebendiger Menschen. Sie wagt es, sich fremden Menschen anzuvertrauen, weil sie die überraschende Erfahrung macht, daß uns bis heute im Fremden Gott begegnet.

Weil sie den andern als Subjekt ernst nimmt, ist gastfreundliche Seelsorge, wie Gastfreundschaft überhaupt, *ein zeitlich befristetes Angebot*. Auch hier haben wir umzulernen: nicht endloses Herumsitzen bringt den anderen dazu, am Ende vielleicht doch noch auszupacken, sondern die klare, ihn auf seine Freiheit hin ansprechende Begrenzung des Zusammenseins. Das war in der antiken Gastfreundschaft selbstverständlich. Daher gibt es in vielen Variationen das Sprichwort: „Ein Fisch und ein Gast beginnen nach drei Tagen zu stinken." Und in Tansania sagt man noch heute: „Nach dem dritten Tag drücke deinem Gast eine Hacke in die Hand", d.h. mache ihn auf seinen eigenen Teil der Verantwortung aufmerksam: er muß jetzt entweder seiner Wege gehen oder zum gemeinsamen Unterhalt beitragen. Entsprechend wird auch im heutigen Beratungswesen überall auf eine strenge zeitliche Begrenzung geachtet; sie bewahrt nicht nur den Berater vor physischen und psychischen Überforderungen, sondern ist vor allem eine Hilfe für den Ratsuchenden, zur Sache zu kommen und sein Problem nicht endlos auf die lange Bank zu schieben.

Gastfreundliche Seelsorge ist darum durchaus unsentimental: sie läßt sich nicht in faule Spiele verstricken, sondern konfrontiert den andern gerade auch durch die zeitliche Befristung damit, daß er selbst Subjekt seiner Lebensgeschichte ist, berufen und durch die Treue Gottes ermächtigt, auf eigenen Füßen zu stehen und seiner eigenen Wege zu gehen. Noch die Gelassenheit, mit der ich den andern verabschiede, ist ein Ausdruck meines Glaubens und meiner Hoffnung, daß Gott mit ihm ist, der uns für eine Weile zusammengeführt hat, weil bei ihm nichts unmöglich ist.

Indem Seelsorge sich in der elementaren Praxis christlicher Gastfreundschaft begründet, hilft sie schließlich dem Seelsorger, der Versuchung zu widerstehen, sich im neuen Aufgebot professioneller Lebensberater und Krisenmanager als Spezialist für religiöse Malaisen zu profilieren. Was die Seelsorge auszeichnet, ist weder ein besonderes methodisches Repertoire noch der finanzkräftige kirchliche Apparat im Hintergrund, sondern die Perspektive der Hoffnung, die sie in die Erfahrung der „Trübsal" (Offb 1,9) einbringt und durch die solche Trübsal dann „erträglich" wird (im Sinne der *hypomone* = Aushalten, Darunterbleiben, Ausharren!). Indem Seelsorge sich von der christlichen Grundhaltung der Gastfreundschaft her legitimiert, widersteht sie dem Spezialisierungstrend und überwindet ihn: der Mensch der Zukunft wird gerade deshalb und dann verkommen, wenn er nur noch Spezialisten begegnet.

Gastfreundliche Seelsorge lernt man nicht in der Rolle des Gastgebers, sondern in der des Fremden

Wer niemals Gast war, kann auch kein guter Gastgeber sein. Ist unsere Kirche in Deutschland vielleicht deshalb so wenig gastfreundlich, weil sie es gänzlich verlernt hat, Fremdling zu sein? Weil sie glaubt, das nicht mehr nötig zu haben? Wenn es wahr ist, daß die Kirche heute wieder auf dem Weg in die Diaspora ist, könnte uns helfen, an den geistlichen Erfahrungen der alten Kirche anzuknüpfen und eine neue Kultur der Begegnung mit den Fremden zu wagen, und das geht nicht ohne den Mut, selbst fremdes Terrain zu betreten. Dieser Mut wird uns zunehmend abverlangt; in der modernen Schule und im modernen Krankenhaus, in den Medien und im Tourismus befinden wir uns nicht mehr im eigenen Milieu, sondern auf einem fremden Territorium, müssen froh sein, daß man uns einläßt, und wissen nicht, wie lange das noch so sein wird. Ob es nicht in Wahrheit eine sehr gute Ausgangsbasis für ein Seelsorgsgespräch ist, daß ich an die Tür des Krankenzimmers anklopfen und der Kranke mich bei sich einlassen muß? Daß ich lernen muß, mich zuerst seiner

Freiheit auszuliefern und anzuvertrauen – er kann mich akzeptieren und ablehnen –, um zu ermessen, was es bedeutet, daß er sich meiner Freiheit ausliefert und anvertraut? Ob das nicht ein Weg sein könnte, wie sich auch in unserer Seelsorge Gottes Kraft in unserer Schwäche offenbart?

Mit und vor der Gastfreundschaft gilt es also die Spiritualität der „Fremdlingschaft" von der frühen Kirche zu lernen, das Paroikia-Bewußtsein, das sie entwickelt hat, als sie noch in der Minderheit lebte, in der Zerstreuung unter den Heiden. „Sie bewohnen jeder sein Vaterland", heißt es im Diognetbrief, „aber nur wie Fremde. Sie beteiligen sich an allem wie Bürger und ertragen alles wie Fremde. Jede Fremde ist ihnen Vaterland, und jedes Vaterland ist ihnen Fremde."[18]

Auch von der Frömmigkeit des Mönchtums der alten Kirche ist zu lernen, daß das Leben in der Fremde eine Gestalt der Nachfolge Christi sein kann: „Es ist wertvoller, Fremdling zu sein, als Fremde zu beherbergen", sagt solch ein Väterspruch. Warum wohl? Weil man das Schicksal des Fremdlings Jesus teilt, der seine Jünger gleich bei der Berufung darauf hinweist, jeder Fuchs habe seine Höhle und jede Schwalbe ihr Nest, er aber habe nichts, wohin er sein Haupt legen könne (Mt 8,20).

Ob die Macht seines Wortes nicht wesentlich mit dieser seiner Ohnmacht zusammenhängt? Haben wir schon genug bedacht, daß Jesus nicht aus der Position des Hausherrn, sondern aus der Ohnmachtsposition des Gastes heraus gesprochen hat: im Haus des Petrus, bei der Hochzeit zu Kana, im Hause des Lazarus, des Pharisäers Simon und des Zöllners Zachäus? Ob nicht auch das Wort der Kirche mehr Glaubwürdigkeit und Kraft gewinnen könnte, wenn sie hier mutiger auf der

Spur Jesu bliebe und sich selber denen anvertraute, zu denen Jesus sie schickt: „Geht eurem Auftrag nach! Ich sende euch wie Schafe wehrlos mitten unter die Wölfe. Tragt keinen Vorratsbeutel mit euch, keinen Reisesack und kein zweites Paar Schuhe, und haltet euch bei niemandem am Wege auf. Wenn ihr in ein Haus eintretet, dann sprecht: Friede sei diesem Hause" (Lk 10, 3–5).

Vielleicht fangen wir ganz bescheiden damit an, uns im Urlaub mehr hinauszutrauen, weniger den sicheren Routen der Reisebüros und dem Komfort ihrer Hotels zu vertrauen als der Gastfreundschaft von Menschen und Gemeinden, die uns begegnen möchten, mit uns sprechen und mit uns teilen, damit wir uns wechselseitig beschenken mit dem, was wir leben, wissen und hoffen.

II
Die menschliche Situation des Priesters heute

In einer Diskussionsrunde um das Profil kirchlicher Krankenhäuser erzählt ein Chirurg von dem Streß, dem er sich Tag für Tag in der Chirurgie ausgesetzt sieht: Stationsbesprechung, Visite, OP, Ambulanz. Dann sagt er: „Ein Jahr vor meinem Abitur, als mein vielbeschäftigter, tüchtiger Vater mich wieder einmal wegen meiner schlechten Noten und meines genüßlichen Lebenswandels zur Rede gestellt hatte, habe ich ihn, um ihm zu demonstrieren, wie wenig mich *sein* Lebensstil überzeugte, gefragt: ,Vater, hast du in den letzten zehn Jahren irgend etwas erlebt?' Ich muß ihn voll auf dem falschen Fuß erwischt haben: Ihm fiel überhaupt nichts ein! – Inzwischen geht es mir schon genauso."

Dieses Eingeständnis beleuchtet eine Spannung zwischen Beruf und Leben, die Seelsorger sehr gut kennen und viel zu schnell – wie dieser Arzt heute und sein Vater damals – zugunsten ihres beruflichen Engagements glauben auflösen zu können. Aber der Arzt, der nur noch arbeitet, nicht mehr lebt, wird auf Dauer nicht nur seine Frau und seine Kinder enttäuschen, sondern auch seine Patienten.

1. Das Gewicht des Themas

Das gilt auch (und mit noch mehr Gewicht) für die Priester in ihrer Aufgabe als Bischof, Pfarrer, Kaplan, Hochschullehrer: ihre menschliche Situation ist nicht ein Bereich neben oder am Rand des beruflichen Auftrags, sondern ein inneres Element ihrer Berufung, weil ihre Berufung ein inneres Element ihrer menschlichen Situation ist. Denn diese Sendung zielt nicht auf irgendeine „große Sache", sondern auf die Menschwerdung der Menschen. Im Tedeum heißt es von dem, in dessen Sendung sie sich hineinnehmen ließen: „Du bist Mensch geworden, den Menschen zu befreien." Wozu? Zur herrlichen Freiheit der Kinder Gottes, wie sie uns von Anfang an zugedacht war; wie sie in dem Menschen Jesus unverschattet und unverborgen offenbar geworden ist (2 Kor 3, 17; 4, 6). In seiner Menschlichkeit, in seinem Gesicht, in seiner wunderbaren Freiheit hat sich uns die Herrlichkeit Gottes erschlossen.

Weil er in seiner Menschlichkeit das Ursakrament und der Maßstab für alles Leben der Kirche ist, ist die menschliche Situation der Priester heute kein Randthema, sondern ein Thema von hohem theologischem Rang. Denn es geht um die Frage, ob Gott durch sie in dieser Welt zugänglich gemacht oder verstellt wird, ob sie durch ihre Menschlichkeit zum Glauben einladen oder vom Glauben abraten. „Der Weg zum Glauben", sagt Heinz Zahrnt, „führt, darin der Menschwerdung folgend, immer durch die Stalltür unserer alltäglichen Erfahrungen und gewöhnlichen menschlichen Verhältnisse."[1] Die aber sind, sobald wir sie genau anschauen, in einer Situation gebündelt, die in ihrer Art einmalig ist, unverwechselbar und unwiederholbar. Daher kann es hier auch nicht darum gehen, *die* menschliche Situation *des* Priesters heute zu skizzieren, sondern allenfalls einige Gesichtspunkte zusammenzutragen, die dem einzelnen helfen mögen, seine persönliche, derzeitige Situation besser zu durchschauen und dort, wo er will und kann, freier und mutiger anzugehen.

2. Symptome

Gegenwind

Mehr als früher leiden heute viele Priester unter der Erfolglosigkeit ihres Tuns. Die Auseinandersetzung mit dem Mißerfolg war zwar immer ein Thema priesterlicher Existenz, aber neu ist die Härte, mit der ihnen heute vor Augen geführt wird, daß sie am kürzeren Hebel sitzen. Sie können für den Sonntagsgottesdienst investieren, was sie wollen: der fahrbare Untersatz, der Ausbau der Naherholungsgebiete, der Rhythmus von Arbeitswoche und Wochenende unterlaufen alle pastoralen Bemühungen um die Rettung des Sonntags; denn sie zerstören die Bedingungen der sonntäglichen Eucharistiefeier in der Gemeinde. Genauso führt die Entwicklung auf dem Mediensektor zu einer Veränderung des Bewußtseins, die die elementaren Fähigkeiten zu religiöser Erfahrung und religiösem Engagement zerstört; statt dessen wächst die passivische, konsumistische Haltung, in die die moderne Gesellschaft den Menschen in seiner Freizeit hineindrängt, die Tendenz zur strikten Trennung zwischen „pain-area" und „play-area" (wie die Amerikaner sagen): in der Arbeitszeit wird so viel Streß erzeugt, daß der Mensch geneigt ist, die Freizeit als reine „play-area" zu verstehen, als Phase, in der niemand mehr etwas von ihm fordern darf, in der er sich nur noch mit dem hart erarbeiteten Geld die Erfüllung seiner Wünsche erkauft. Was wir seit Jahren als Rückgang des Kirchenbesuchs und des Sakramentenempfangs registrieren, ist keine vorübergehende Erscheinung, wie die Unterdrückung der Kirche in der Nazizeit, deren Ende man absehen und die man deshalb mit aufgeschnalltem Gepäck zu überstehen hoffen konnte, sondern ähnelt dem Waldsterben: sobald irgendwo die ersten Nadeln abfallen, signalisiert dies bereits einen Notstand im ökologischen System, dessen Ursachen so vielschichtig und so schwer zu fassen sind, daß es vielleicht schon zu spät ist, die Wälder zu retten. Einseitige Schuldzuschreibungen (Die Familie ist schuld! Die Medien sind schuld! Das Konzil ist schuld!) sind lächerlich; am Waldsterben sind auch nicht die Rehe oder die Förster schuld.

Die heutige Priestergeneration treibt Seelsorge nicht mehr im Aufwind der Nachkriegsära, sondern im Gegenwind globaler gesellschaftlicher Entwicklungen, die die Basis religiösen Lebens zerstören. Das Profitdenken, das ökonomische Kalkül breitet sich aus dem Bereich der Wirtschaft wie ein Parasit in immer mehr gesellschaftliche Räume hinein aus[2] und zerfrißt alles, was es dort findet: die menschlichen Beziehungen, die gewachsenen religiösen Traditionen, die Atmosphäre eines Dorfes, das Gesicht einer Landschaft. Diese ökonomische Mentalität kennt nur eine Frage, ein Kriterium: Was bringt's? Was bringt's, Kinder zu haben? Was bringt mir diese Freundschaft? Was bringt mir der Glaube?

Wer unter solchen Bedingungen Seelsorge treibt, muß sich vorkommen wie der letzte Mensch. Von daher wird die tiefe untergründige Resignation verständlich, die viele Seelsorger befallen hat.

Trotzdem geben sie natürlich noch nicht gleich auf. Besonders die mittlere Generation der Priester scheint eher mit äußerstem Einsatz zu reagieren: Jetzt erst recht! Und damit produziert sie das zweite Symptom: eine so in der Seelsorge bisher nicht gekannte Betriebsamkeit.

Betriebsamkeit

Die Ordinariate marschieren voran. Kein Sektor der Seelsorge hat in den letzten 20 Jahren eine so rasante Entwicklung durchgemacht wie die mittlere Seelsorgsebene. Sicher war dort eine Reorganisation besonders dringlich, sollte die Kirche ihre Aufgaben in der immer komplexer werdenden Gesellschaft erfüllen. Also hat man sich die Betriebsberater ins Haus geholt, Konzepte entwickelt, Planstellen geschaffen – das Geld war da – und die Seelsorge durchorganisiert: Pfarrstellen eingespart, Pfarrverbände konzipiert, kategoriale Seelsorge eingerichtet, Regionalbüros geschaffen, Medienpakete bereitgestellt. Alles im einzelnen sehr nötig und nützlich, aber – so läßt sich mindestens im Rückblick heute erkennen – mit einer beklemmenden Arglosigkeit hinsichtlich der Grundsatzfrage, welchen Preis man eigentlich bezahlt, wenn man das seelsorgliche Handeln den Gesetzmäßigkeiten des modernen Marktes unterwirft. Denn das ist doch das geheime Gesetz auch der Reformen in der Seelsorge: Wie können wir effektiver arbeiten, d.h. immer mehr, immer besser, immer schneller, mit immer weniger Leuten? Zielgruppenarbeit schön und gut; in einer komplexen Gesellschaft, in der die Menschen nicht mehr im traditionalen sozialen Verbund leben, sondern nur mehr als Systemteilnehmer gefragt sind, d.h. sich an jedem

Morgen aufsplitten und in bestimmte Subsysteme der Gesellschaft einfädeln, ist ein auf diese Subsysteme zielendes Angebot der Kirche unverzichtbar: ein Angebot für die Abiturienten, die alleinerziehenden Mütter, die Gehörlosen, die Touristen, die katholischen Akademiker. Die Folge: Programme, Referentenlisten, Beratungsstellen, Arbeitsgemeinschaften auf Diözesan- und Bundesebene und viele, viele Spesen! Die wären noch zu verkraften; das eigentliche Problem besteht aber darin, daß die Zielgruppenarbeit die Gettobildung, zu der die komplexe Gesellschaft tendiert, nicht durchbricht, sondern kirchlicherseits bestätigt und verfestigt. Der Seniorennachmittag im Altenheim und das Kinderfest im Kindergarten sind noch keine christliche Alternative zur Gesellschaft; derlei Betreuungsaktivitäten gibt's bei der Arbeiterwohlfahrt genauso! Eine Alternative käme erst zustande, wenn es der Kirche gelänge, die alten Menschen und die Kinder wieder so aufeinander zuzuführen, daß sie sich gegenseitig zum Leben ermutigen! Aber wer hat noch die Zeit, sich solche Alternativen einfallen zu lassen? Rundkommen ist alles, „dalli-dalli" die Devise. Wozu gibt es das Auto? Karambolagen sind unvermeidbar. Wer kann schon auf jeden einzelnen Fußgänger achten!

Die Bedächtigeren setzen nicht auf Gashebel, sondern auf den Terminkalender: Er macht das Unmögliche möglich. Alles eine Frage der Absprache, der langfristigen Organisation! Und so ergießt sich Woche für Woche über die säuberlichen Seiten des Taschenkalenders die Schmutzwelle der Termine: immer ungefähr sechs Wochen vor der Zeit, die jetzt dran ist, stellen wir uns unsere Zeit mit Terminen zu. Die bedeutenderen Leute kommen natürlich mit sechs Wochen längst nicht mehr aus: sie sind bereits auf ein halbes Jahr, wie sie mit einer Mischung aus Kümmernis und Genugtuung feststellen, „völlig ausgebucht".

So gewöhnen wir uns an, Termine wahrzunehmen und außer Terminen nehmen wir fast nichts mehr wahr: nicht die traurigen Augen einer Mitarbeiterin; nicht das leichte Zögern in der Stimme eines Kranken, das uns sagen könnte, daß das Eigentliche noch gar nicht ausgesprochen ist; nicht den Jungen, der ein wenig abseits steht, weil er sich nicht traut. Wir sind ja schon auf dem Sprung zum nächsten Termin: Beerdigung, Krankenkommunion, die Tischmütter für die Erstkommunikanten: Mappe raus, alles klar?

Priester sind nicht mehr zu haben, wenn man sie braucht, sondern frühestens Ende nächster Woche, beim besten Willen. Selbst der Heilige Geist, der immer noch weht, wann und wo er will, hat vor Ende nächster Woche nicht die geringste Chance.

Ich will nicht davon reden, was wir Priester mit diesem modernen Seelsorgsstil den Menschen antun. Es ist schlimm genug, was wir uns selber antun: Unser Leben gerät uns unter der Hand zu einer permanenten Aufarbeitung unserer Termine. Wir „haken ab", wie wir sagen. Wir haken das Leben ab. Darum ist die Klage über den Zeitmangel allgegenwärtig. Der Streß bringt's! Kein Konveniat mehr, ohne daß einige zu spät kommen und andere früher aufbrechen: lauter dringende Seelsorgsfälle, angeblich; in Wahrheit die komplette Unfähigkeit, Distanz zu gewinnen, nein zu sagen, abzuschalten, ruhig zu werden und wahrzunehmen, wo ich selber jetzt stehe. Treffend hat P. K. Kurz das Gesetz charakterisiert, unter dem wir stehen:

Zeit.
Momo hat Zeit.
Ein Türke hat Zeit.
Gott hat Zeit.
Der Pfarrer hat keine Zeit.
Er ist ein richtiger Deutscher.

Wie sagt doch Paulus? „Ich begreife mein Handeln nicht: Ich tue nicht das, was ich will, sondern das, was ich hasse ... Wenn ich aber das tue, was ich nicht will, dann bin nicht mehr ich es, der so handelt, sondern die in mir wohnende Sünde. Ich stoße also auf das Gesetz, daß in mir das Böse vorhanden ist, obwohl ich das Gute tun will ... Ich unglücklicher Mensch! Wer wird mich aus diesem todverfallenen Leib erretten?" (Röm 7, 15-25). Die Macht, die unser Kalender über unser Leben gewinnt, wirft die Frage auf, woran wir eigentlich glauben. Einer der modernen Kalender trägt den Namen „success" – Erfolg! Ist es das, woran wir glauben?[3] Luther sagt: „Worauf du nun dein Herz hängest und verlässest, das ist eigentlich dein Gott."[4]

Kooperationsprobleme

Ein weiteres Symptom sind die enormen Reibungsverluste im Kontakt zwischen Priester und Laien, Hauptamtlichen und Ehrenamtlichen. Obwohl inzwischen eine neue Generation von Priestern herangewachsen ist, die weltoffener erzogen wurde, mehr Bewegungsfreiheit im Umgang mit der modernen Welt, mehr Begegnungschancen im Umgang mit Frauen hatte, gibt es weiterhin eine unerhörte wechselseitige Frustration zwischen Priestern und Laien an der Basis.

An der Theologie kann das nicht liegen (wenn es je an ihr lag): Wir besitzen eine Ekklesiologie, die die Kirche nicht mehr vom Amt her versteht, sondern das

Amt als einen Dienst im Ganzen des Gottesvolkes; wir haben Gremien der Mitverantwortung auf allen Ebenen eingerichtet und konnten viele neue pastorale Mitarbeiter gewinnen, aber das hat alles nicht dazu geführt, daß wir uns in der Arbeit leichter tun, sondern – so klagen die Priester einerseits und die Laien andererseits – alles ist aufreibender geworden. Unendlich viel Zeit und Energie wird mit Abwehrmanövern verschwendet, in zermürbenden Argumentationsketten, die erklären sollen, warum nicht geht, was der andere gerade im Sinn hat.

Zwischen den Priestern selber klappt die Zusammenarbeit (Ausnahmen immer eingerechnet) nicht viel besser, nur können die sich besser aus dem Weg gehen; und je weniger Priester es gibt, um so geringer werden die Reibungsflächen. Scheue Ansätze zur Seelsorge im Team oder im Rahmen von Priestergemeinschaften sind aus verschiedenen Gründen wieder zusammengebrochen; die Einrichtung der Pfarrverbände erscheint auch eher in der Optik des Generalvikariats als in der Perspektive der Betroffenen als die große Lösung.

Wie können sich Menschen guten Willens – und davon darf man doch bei allen Beteiligten ausgehen – so blockieren? Wo sitzt der Widerstand? Wie ist das Paradox zu erklären, daß einerseits alle wegen Überlastung klagen und andererseits doch alles lieber allein tun wollen? Oder arbeite ich lieber allein, weil ich so überlastet bin?

Eine Hauptursache der Unwilligkeit zur Kooperation könnte in der Tat aus der Angst erwachsen, am Ende noch mehr belastet zu werden. Das ist einfühlbar, nur sind die Folgen fatal: die Abwehr fremder Vorschläge treibt in immer größere Isolation, vor allem menschlich. Was von mir aus Notwehr ist, wird von den andern, weil ich die wahren Gründe meist nicht auszusprechen wage, als blanke Obstruktion erlebt, als Mißachtung ihres Engagements, als die Sturheit dessen, der am längeren Hebel sitzt; das sind Kränkungen, die ehrenamtliche Mitarbeiter nicht hinzunehmen bereit sind und die bei den Hauptamtlichen dazu führen, daß jeder vor allem seinen eigenen Verantwortungsbereich zu etablieren sucht, damit er dort ungestört vor sich hinarbeiten kann.

Eine andere Wurzel der Kooperationsschwierigkeiten dürfte der Perfektionismus sein: Nur wenn ich alles selber mache, bin ich sicher, daß es ordentlich gemacht ist; schließlich habe ich ja die Verantwortung, die „letzte Verantwortung". Die wenigsten Priester durchschauen, daß solcher Perfektionismus eine Gestalt der Angst ist: sie versuchen, alles unter Kontrolle zu behalten, damit das Chaos sie nicht überflutet. Die Angst macht sie rigide, macht sie auf eine ganz neue Art autoritär: nicht mehr auf Grund eines dogmatischen Führungsanspruchs, sondern aus Verzweiflung. Sie ahnen die Folgelasten, die ein Vorschlag aus dem Pfarrgemeinderat mit sich bringt, und versuchen, dem Übel schon im Vorfeld zu wehren, das Schlimmste zu verhüten. Aber Verhütung ist lebensfeindlich, nicht nur im Bereich der Sexualität, sondern auch im sozialen Raum. Das Leben wird im Keim erstickt.

Darum sind die sozialen Folgen so verheerend. Wenn ich jemanden frustriere, wird ein Impuls seiner Lebensenergie in dem Augenblick gestoppt, wo er aufgeblüht ist und sich nach außen umsetzen will; solcher Art blockierte Energie weiß nicht, wohin sie soll; darum wird sie bösartig und unberechenbar. Entweder entlädt sie sich aggressiv nach außen, oder sie richtet sich nach innen: die Menschen werden „sauer", wie unsere Sprache treffend sagt: traurig, enttäuscht, ziehen sich zurück.

Auch hier interessiert jetzt nicht zuerst der pastorale Schaden, der auf diese Weise entsteht, sondern der Schaden, den der sich selber zufügt, der andere blockiert. Überlastung, Kooperationsverweigerung und Vereinsamung hängen innerlich zusammen: Viele Priester müssen alles allein machen, weil sie sich nicht helfen lassen können, weil sie alles allein machen müssen. Diesen Teufelskreis aus Überlastung, Enttäuschung, Mißtrauen, neuer Überlastung kann einer allein schwerlich aufbrechen.

Emotionale Verarmung

Das Heißlaufen im System der Psyche, von dem bisher die Rede war, hat auch damit zu tun, daß die Ausgleichsventile nicht mehr funktionieren, die der menschliche Organismus bereit hält, um Streß zu vermeiden. Viel Arbeit führt an sich noch nicht zu Streß. Streß, so behauptet der Bonner Streßforscher von Eiff[5], entsteht erst, wenn den Leuten ihre Arbeit keinen Spaß mehr macht, weil die Phasen der Anspannung nicht mehr durch Phasen der Entspannung abgelöst werden; die natürlichen, in den Organismus eingebauten Regenerationsventile versagen: das vegetative Nervensystem, der Schlaf, die regulative Macht des Emotionalen.

Daß Priester als zölibatär lebende Menschen hier ihre besonderen Probleme haben würden, hat man ihnen vor der Priesterweihe nicht verschwiegen, aber jeder muß doch in jedem weiteren Lebensjahrzehnt erst realisieren, was das genau für ihn bedeutet. Niemand kann sich mit 25 Jahren vorstellen, wie erschöpft man mit 40 Jahren sein kann und was es dann bedeuten wird, keinen Partner neben sich zu haben, der sagt: Wir finden einen Ausweg!

Dabei ist es noch der günstigere Fall, wenn der Schmerz blank hervortritt, an der Stelle, wo ich leide. Viel schwieriger wird alles, wenn ich mir den offenen Schmerz gar nicht mehr gestatten kann, weil ich mich von meiner eigenen Emotionalität schon viel zu sehr abgeschnürt habe. Meiner Bedürftigkeit nach Wärme und Anerkennung bleibt dann nur der Ausweg, sich zu maskieren. Was dann meine Mitmenschen als irrationale Arbeitswut, irrationale Empfindlichkeit, sinnlose Motorik an mir erleben (das Auto steht ja vor der Tür), ist kein Ausdruck von Kraft, sondern von Elend. Irrational ist z. B. meine Empfindlichkeit, wenn die Heftigkeit meiner Reaktion in keinem Verhältnis zu dem Anlaß steht; wieviel theologische Rechthaberei, wieviel aggressive Ungeduld mit Mitarbeitern, Jugendlichen, selbst Kindern mag hier ihre Wurzel haben? Hier spätestens wird sichtbar, wie wenig die menschliche Situation des Priesters von seinem beruflichen Wirken zu trennen ist: Sein ganzes Tun und Reden ist durchflutet von untergründigen emotionalen Impulsen – wie bei jedem Menschen. Nicht umsonst verwenden wir ja das Adjektiv „menschlich" in der Umgangssprache, um genau dieses Atmosphärische der Emotionalität zu benennen („der menschliche Vorgesetzte, das menschliche Klima einer Einrichtung"); umgekehrt besteht die Unmenschlichkeit von Sachzwängen, die Unmenschlichkeit des modernen Krankenhauses exakt darin, daß diese emotionale Dimension zurückstehen muß hinter der blanken Funktionalität. In einem Umfang, über den wir uns im Alltag selten Rechenschaft geben, lebt unser Bewußtsein von diesen untergründigen gefühlsmäßigen Impulsen. Sigmund Freud schätzte das Verhältnis 1:7 und gebrauchte das Bild vom Eisberg: ein Siebtel ist sichtbar; sechs Siebtel des Volumens sind unsichtbar. Und natürlich passieren die meisten Kollisionen unterhalb der Wasseroberfläche. Die meisten Konflikte im Alltag, vor allem die immer wiederkehrenden, zermürbenden Reibereien, hängen damit zusammen, daß wir diese Tiefendimension nicht kennen, uns im eigenen Haus nicht auskennen, weil wir nicht zulassen können, was da an Bedürfnissen nach Anerkennung, Selbstdarstellung, Machtausübung, was da an Angst vor Nähe und an Angst vor Distanz in uns wirksam ist. Mit wem sprechen Priester über diesen verborgenen Bereich? Wer räumt ihnen ein, daß dies alles sein darf, daß es zu ihnen gehört als ihr Schatten, als die Kehrseite ihrer starken Eigenschaften, als Realitäten, die respektiert und akzeptiert sein wollen und um so mehr Schaden anrichten, je mehr man sie ignoriert?

Die Defizite im emotionalen Bereich sind sicher kein neues Thema priesterlicher Existenz. Aber sie verlangen heute eine erhöhte Aufmerksamkeit, weil eine Menge anderer Stützen weggebrochen sind. Bei aller Einschränkung war ja etwa das Pfarrhaus, solange neben der Haushälterin noch eine alte Mutter und ein Dienstmädchen und vielleicht ein Kaplan dazu gehörten, ein Milieu, in dem sich menschlich etwas abspielte, ein Beziehungsgeflecht mit Sympathien und Konflikten, wie das zu jedem echten Zuhause gehört. Was verändert sich für die menschliche Situation des Priesters, wenn in diesem großen Pfarrhaus nur noch die alte Mutter hantiert oder wenn die Haushälterin von der Zugehfrau abgelöst wird? Ich wünschte manchmal, Priester könnten zuhören, wenn im Pastoralkurs das Thema Pfarrhaus an der Reihe ist (und das ist beklemmend oft der Fall): wie entgeistert Praktikanten von dem „Taubenschlag" sprechen, von den ständig durch Telefon und Glocke zerrissenen Mahlzeiten, von dem Defizit an Privatsphäre und Rückzugsmöglichkeiten. „So möchte ich nicht leben!" Der junge Mensch, der zu einer solchen Bilanz kommt, sagt dies nicht überheblich, sondern eher mit Trauer und Bestürzung; er will sich nicht der Aufgabe verweigern, aber es ist ihm unmöglich, diesen Stil mitzumachen!

Die Frage: „Meister, wo wohnst du?" ist biblisch legitimiert. „Jesus antwortete: Kommt und seht! Da gingen sie mit und sahen, wo er wohnte, und blieben jenen Tag bei ihm" (Joh 1,39).

Stagnation

Ich selber war noch nicht zum Priester geweiht, als ich etwa 1959 den damaligen Pfarrer von Rhöndorf traf, einen Mann zwischen 60 und 70 Jahren. Er war ein bißchen eigen, aber irgendwie imponierend, und so fragte ich ihn: „Stimmt es eigentlich, daß man lebenslang so bleibt, wie man im Seminar war?" Der alte Pfarrer antwortete: „Quatsch! Ich habe in meinem Leben noch ganz entscheidende Veränderungen durchgemacht." Ich war damals noch zu jung und zu brav, um zu fragen, welche Veränderungen zum Beispiel. Die Antwort hat mir genügt. Inzwischen ist mir klar, warum die andere These, man bleibe lebenslang der, der man im Priesterseminar gewesen war, so destruktiv und deprimierend auf mich gewirkt hatte: weil diese These uns auf unsere Vergangenheit festlegt, statt uns „Zukunft und Hoffnung zu geben" (Jer 29,11). Wer in dieser Weise den andern festschreibt, ist selber tot. Solche Leblosigkeit ist besonders häufig in Gremien anzutreffen, bei den Leuten mit den langen Gesichtern: sehr bedeutend, sehr informiert, ungemein wichtig, aber tot; ganz der großen Aufgabe hingegeben, aber ohne Biographie. Hinter ihrer Verantwortung, hinter ihrer Rolle kommt nichts mehr; sie haben keine Wünsche, keine Kanten, keine Freunde; sie sind durch nichts mehr zu überraschen (es ist alles schon dagewesen), durch nichts mehr zu verführen (außer durch die Berufung in ein weiteres Gremium), nur ungeheuer alt. Sie kennen keine Tiefen mehr, aber auch keine Höhen; keine Krisen (keine Autoritätskrise, keine Zölibatskrise, beileibe keine Glaubenskrise), aber es fehlt auch seit Jahren jedes persönliche Wachstum. Deshalb sind solche Leute sehr verläßlich; sie sind in keiner Weise mehr ein Risikofaktor. Seit sich das Subjekt, das sperrige Individuum, der Mensch in ihnen verabschiedet hat, kommt die große Sache durch sie voll zum Tragen. Mehrheitsbeschlüsse werden durch keinen persönlichen Gewissenseinspruch mehr verunsichert; Vorgaben, Richtlinien werden ungebremst nach unten weitergegeben ... Gewiß ist in den letzten 30 Jahren viel dogmatische Starre und moraltheologische oder kirchenrechtliche Fixierung im Klerus zurückgegangen, aber ist er dadurch lebendiger, mutiger, origineller, farbiger geworden? Oder hat er die dogmatische Starre nur deshalb abgelegt, weil bereits ein neues Korsett bereitstand: das bürokratische Modell des Amtsträgers? Es hat bei uns das hierarchische abgelöst; die neuen Gremien, das Papier, die vielen zu respektierenden Zuständigkeiten füllen uns so aus, daß wir uns das Risiko sparen können, zu leben. Wir haben so viel berufliche Kontakte, daß wir den Risiken einer persönlichen Begegnung nicht mehr ausgesetzt sind; wir haben so viel von Amts wegen zu entscheiden und zu verwalten, daß wir gar nicht mehr merken, wie entscheidungsscheu wir in den einfachsten Lebensfragen taktieren, wie ungeübt wir sind im Verarbeiten von Querschlägen, im Akzeptieren von Kompromissen, im Tolerieren von Inkonsequenzen. Das bürokratische Amtsverständnis erspart uns die Biographie und gibt uns noch dazu die Möglichkeit, darüber zu jammern, daß es so ist.

„Vater, hast du in den letzten zehn Jahren irgend etwas erlebt? Kannst du von etwas erzählen, das dich glücklich gemacht oder aus der Bahn geworfen hat?" Das ist die Frage des Sohnes an den Vater, ob er wirklich nur gearbeitet oder vielleicht doch (wenn schon nicht mit dem Sohn zusammen, dann wenigstens für sich, an einer verborgenen Ecke) gelebt habe.

Wir können nicht über unsere menschliche Situation nachdenken, ohne uns zu fragen: Wo bin ich persönlich in den letzten zehn Jahren geblieben? Bin ich älter oder jünger geworden? Lebendiger oder toter? Und wenn sich einer sagen müßte: Ich bin fürchterlich ins Schleudern geraten, ich habe Seiten an mir entdeckt, die mich tief ängstigen, und Erfahrungen gemacht, die ich bei mir nie für möglich gehalten hätte, dann ist das zwar eine traurige Geschichte, aber es ist immerhin eine Geschichte. Er ist lebendig geblieben. Und deshalb ist noch überhaupt nichts verloren. Er muß sich nur aufmachen und seinen Weg suchen.

3. Der Lösungsansatz

Wie können Priester heute mit ihrer Situation umgehen? Wie finden sie aus den Umklammerungen heraus, die sie bedrängen, ihnen die Luft abschneiden, sie vor der Zeit müde und alt machen?

Besagtem Chefarzt fiel damals im Gespräch als Lösung ein: „Ich brauche unbedingt mehr Personal! Zwei Assistenzärzte, und ich habe Luft!" Die anderen waren skeptisch: „Wenn Sie mehr Personal bekommen, werden Sie besser und schneller operieren, es werden mehr Patienten kommen, und Sie werden als nächstes mehr Belegbetten fordern. Am Ende werden Sie denselben Streß haben wie jetzt, nur auf einem höheren Aktionsniveau."

Lösungen dieses Typs nennt Paul Watzlawick[6] Lösungen erster Ordnung. Sie bringen eine Menge Änderungen, aber das sind immer nur Änderungen innerhalb des Systems. Watzlawick hat diesen Lösungstyp an den Familien psychisch Kranker studiert. Er hat erkannt, in welchem Umfang psychische Erkrankungen nicht als individuelles Leiden zu verstehen sind, sondern als Symptom für ein krankes Milieu. Er hat den Patienten als Symptomträger einer Krankheit sehen gelehrt, die dem System Familie anzulasten ist, sofern es die Probleme, die es nicht lösen kann, auf das schwächste Glied verlagert, um sich nicht ändern zu müssen. Eine solche Familie ist bereit, eine Menge für ihr krankes Mitglied zu tun, aber sie hat eine höllische Angst davor, die Spielregeln zu verändern, die man miteinander aufgebaut hat und die doch erst dazu geführt haben, daß das schwächste Glied der Kette krank wurde. Darum führen uns nur Lösungen zweiter Ordnung weiter, d.h. Lösungen, die das böse Spiel beenden und solche Lösungen, sagt Watzlawick, sind nur dadurch möglich, daß wir aus dem eingefahrenen Spiel aussteigen, den Systemzusammenhang sprengen.

Wie soll ich das machen? Mein Elend besteht doch genau darin, daß ich nicht aussteigen kann! Das ist gewiß so und doch ist genau an dieser Stelle der Ausgang aus dem Teufelskreis zu suchen, nur dort: bei mir als Mensch, als Individuum, bei meinem Ich in seiner Bedrängnis.

Es macht die Würde des Menschen aus, den Gott „wunderbar erschaffen und noch wunderbarer erneuert hat", daß er in keinem System aufgeht. Die Situation, in der ich stecke, ist kein Schicksal, sondern etwas, zu dem *ich* das letzte Wort zu sagen habe, zu dem ich – als Mensch, als Subjekt – noch einmal ja oder nein sagen kann. Erst danach wird die Situation eindeutig. Erst so wird aus ihr ein Stück meiner Lebensgeschichte. Darum ist dieses Ich, diese allerletzte Instanz in mir, der einzige Ort, von dem Veränderung ausgehen kann. Der Ort der Freiheit und deshalb auch der Ort der Gnade.

Darum lautet die entscheidende Frage: Wo ist Gott, wenn ich mit dem Rücken an der Wand stehe? Steht er auf der Seite derer, die mir Druck machen, oder ist er bei mir in meiner Bedrängnis, steht er zu mir „in allen meinen Nöten", auch in denen, in die ich geraten bin, weil ich Gottes Sache zu vertreten versuchte? Auch in den Nöten, in die ich geraten bin, weil ich Gottes Sache nicht vertreten habe?

Gilt die Erlösung auch für mich, in der Situation der Überforderung? Wie steht Gott zu mir? Ist er der Anwalt meiner Lebensgeschichte in dem Augenblick, in dem sie schon fast alle Konturen verloren hat? Darf ich zu ihm sagen: mein Fels, meine Zuflucht, mein Befreier (Ps 18,3)? Wenn ich das glauben kann, kann der Exodus beginnen: Der Weg aus der Knechtschaft in die herrliche Freiheit der Kinder Gottes.

„Ist Gott für uns, wer ist dann gegen uns? Er hat seinen eigenen Sohn nicht verschont, sondern ihn für uns alle hingegeben – wie sollte er uns mit ihm nicht alles schenken?" Paulus redet in Ich-Form: „Ich bin gewiß, weder Tod noch Leben, weder Engel noch Mächte, weder Gegenwärtiges noch Zukünftiges, weder Gewalten der Höhe oder Tiefe noch irgend eine andere Kreatur können uns scheiden von der Liebe Gottes, die in Christus Jesus ist, unserm Herrn" (Röm 8, 31–38).

Wir werden dieses Wort erst begriffen haben, wenn wir zugleich anerkennen, daß es nichts Schwierigeres, Riskanteres auf der Welt gibt, als den Weg aus der Knechtschaft in die Freiheit. Es ist immer ein Gang durch die Wüste, voller Ängste, ob es richtig war, aufzubrechen, ein Weg der Entbehrungen, der Erschöpfung und des Zweifels. „Der Weg wird dich deine Unschuld, deine Wunschbilder und deine Gewißheit kosten", sagt Sh. B. Kopp[7]. Das heißt: Wenn du dich aufmachst, wirst du erst merken, welchen Illusionen du dich bislang hingegeben hast, du wirst Unsicherheiten durchstehen müssen und du wirst schuldig werden. Du kannst daheim bleiben; dann bewahrst du deine Unschuld und deine Sicherheiten, aber auch deine Illusionen; z. B. die Illusion, du seiest nur das arme Opfer übermächtiger Verhältnisse: dein Zeitdruck, deine Isolation, die emotionale Verarmung, die Mißverständnisse seien etwas, das die andern oder die Verhältnisse über dich verhängt hätten. Der Exodus beginnt jedoch erst mit der schmerzlichen Einsicht: „Jeder macht sich's, wie er's braucht." Nicht die andern machen mir Druck, ich mache mir Druck! Ich brauche ihn offenbar, um vor mir selbst bestehen zu können. Nicht die andern hetzen mich, ich hetze mich; ich habe die Hektik gewählt, weil ich vor einer wirklichen, d. h. wirksamen Lösung meiner Probleme, einer ernsthaften Veränderung meiner Situation noch zu viel Angst habe. Der Exodus beginnt mit der Frage: Welchen geheimen

Profit habe ich davon, daß ich mich bisher zu keiner wirklichen Lösung aufraffen konnte/wollte? In der Angst vor den Konflikten, die mir dann drohen, besteht mein Anteil an der Situation, in die ich geraten bin! Hier sitzt meine Sünde! Nicht die andern lassen mich verkommen, ich lasse mich verkommen und muß doch damit rechnen, daß Gott mir am Ende meines Lebens nicht zuerst die Frage stellt: Was hast du mit den andern gemacht?, sondern daß er fragen wird: Was hast du mit dir selber gemacht? Es gehört zur Würde des Menschen, daß er für sich verantwortlich ist: „Was nützt es einem Menschen, wenn er die ganze Welt gewinnt, dabei aber sein Leben einbüßt? Um welchen Preis kann er sein Leben zurückkaufen?" (Mt 16,26).

4. Schritte in die Freiheit

Darum steht am Beginn jeden Aufbruchs die Umkehr. Eine Analyse der gesellschaftlichen Faktoren meiner Situation ist nützlich, aber sie entbindet mich nicht von der bitteren Erkenntnis meiner eigenen Verstrickung in meine Situation. Und wenn ich skeptisch bin, ob mir je möglich sein wird, aus dem Teufelskreis auszubrechen, der sich durch die Schuld der anderen und durch meine Schuld aufgebaut hat und mich gefangen hält, so gibt mir die Schrift recht: „Ich unglücklicher Mensch. Wer wird mich aus diesem dem Tod verfallenen Leib erretten? Dank sei Gott in Jesus Christus unserm Herrn" (Röm 7,25). Er kann uns retten. Er steht zu unserer Würde auch dort und dann noch, wo wir sie selbst aus der Hand haben gleiten lassen. Dank sei Gott, der entschlossen ist, uns aus allen unseren Nöten, den fremdverschuldeten und den selbstverschuldeten zu erretten.

Zwischen Gott und Kirche unterscheiden

Wenn Gott mein Fels ist, meine Burg und mein Erretter, darf ich zwischen Gott und Kirche unterscheiden. In diese Unterscheidung sind Priester wenig eingeübt, betrachten sie sogar überwiegend als gefährlich und bekämpfen sie bei den Fernstehenden, wenn die sagen: „Gott ja – Kirche nein; Christus ja – Kirche nein." Tatsächlich ist diese Gegenüberstellung falsch; aber jede Häresie hat ihr Körnchen Wahrheit. In diesem Fall ist es sogar eine zentrale Wahrheit des Glaubens: Meine Kirche ist nicht mein Gott. Der letzte Maßstab für das, was wir tun und lassen sollen, wie wir leben und arbeiten können, ist nicht das Zweite Vatikanum, nicht die Gemeinsame Synode, nicht der Neue Codex. Der letzte Maßstab ist uns in Jesu Wort gegeben: „Suchet zuerst das Reich Gottes und seine Gerechtigkeit; dann wird euch alles andere dazugegeben" (Mt 6, 33).

Ich bin Priester in der Kirche, aber ich bin zugleich einer, der in Christus unmittelbaren Zugang hat zu Gott. Ich kann zu Gott sagen: „Abba, lieber Vater." Und dies sage ich nur zu Gott! Denn, sagt Jesus: „Einer ist euer Vater, der in den Himmln" (Mt 23, 9). Weil ich Priester der Kirche bin, muß ich nicht nervös werden, wenn einer diese Kirche nicht gut findet. Ich muß nicht sofort in die Verteidigung gehen, sondern kann ihm in aller Seelenruhe recht geben; denn, sagt Jesus: „Einer ist gut, Gott allein" (Mt 19, 17). Ich bin als Priester der Kirche gehalten, ihre Gesetze und Ordnungen ernst zu nehmen, aber ich bin zugleich berufen, „vollkommen zu sein, wie unser Vater im Himmel, der seine Sonne aufgehen läßt über Bösen und Guten und regnen läßt über Gerechte und Ungerechte" (Mt 5,45).

Sehr schlicht und selbstbewußt hat dies in einem Gesprächskreis ein norwegischer Priester ausgedrückt: „Ich bin kein Diener der Kirche. Ich bin ein Diener Christi in der Kirche." Die Unterscheidung zwischen Kirche und Reich Gottes ist keine bibeltheologische Finesse, sondern von hoher spiritueller und praktischer Bedeutung. Denn nun besitze ich ein Kriterium, einen Maßstab, der größer ist als die Kirche, gültiger, bleibender als die Kirche; denn sie gehört zu dem, was vergeht, wenn Gott selber kommt. Sie ist in einem fundamentalen Sinn vor-läufig zu diesem Kommen Gottes. Deshalb gibt uns erst das Reich Gottes, um dessen Kommen wir täglich bitten, die Maßstäbe, um die Spielregeln zu überprüfen, denen wir in der Kirche gehorchen, und die Erwartungen abzuschätzen, denen wir uns in den Gemeinden ausgesetzt sehen: „Geht es mir denn um die Zustimmung, oder geht es mir um Gott? Suche ich etwa Menschen zu gefallen? Wollte ich noch den Menschen gefallen, dann wäre ich kein Knecht Christi" (Gal 1,10). Ich werde bei aller grundsätzlichen Loyalität gegenüber Kirche und Gemeinde im Letzten furchtlos und frei mit Paulus sprechen: „Mir macht es allerdings nichts aus, wenn ihr oder ein menschliches Gericht mich zur Verantwortung zieht. Ich urteile auch nicht über mich selbst ... Der mich richtet, ist der Herr" (1 Kor 4,4) Ich habe einen Halt gefunden, der mich davor bewahrt, den Mut zu verlieren, auch in der Situation der Ohnmacht: „Weil wir unser Amt durch das Erbarmen Gottes empfangen haben, darum verlieren wir den Mut nicht. Wir haben uns von aller schimpflichen Arglist losgesagt, wir handeln nicht hinterhältig und verfälschen nicht das Wort Gottes, sondern vertreten offen die Wahrheit. So empfehlen wir uns vor dem Angesicht Gottes jedem menschlichen Gewissen" (2 Kor 4, 1–2). Die Unterscheidung zwischen dem Reich Gottes und der Kirche, den Wegen Gottes und den Wegen der Kirche, dem Wirkungsbereich des Geistes Gottes und dem Radius des kirchlichen Amtes dürfen wir nicht den sogenannten Fernstehenden überlassen; es ist eine tröstliche, befreiende Wahrheit auch für alle Priester und Laien, die das Leben einer Gemeinde tragen. Denn sie ermöglicht eine Seelsorge im Horizont der Gottesherrschaft. Und damit eine Seelsorge, in der wir selber als Menschen aufgehoben sind.

Im Heute Gottes leben

Eine Pastoral im Horizont der Gottesherrschaft befreit zu einem neuen Umgang mit der Zeit. Denn „mit dem Reich Gottes ist es so, wie wenn ein Mann Samen auf seinen Acker sät; dann schläft er und steht wieder auf, es wird Nacht und wird Tag, der Samen keimt und wächst, und der Mann weiß nicht, wie. Die Erde bringt von selbst ihre Frucht: zuerst den Halm, dann die Ähre, dann das volle Korn in der Ähre" (Mk 4, 26–28). Im Horizont der Gottesherrschaft entlarvt sich alle Hektik in der Seelsorge als das, was sie in Wahrheit ist: ein Tribut an den Zeitgeist, an den Mythos der Leistung, der Allzuständigkeit, der unser Bewußtsein behext, so daß wir immer von der Angst beherrscht sind, was wir nicht tun, sei nicht getan. Mit dem Reich Gottes ist es anders: während der Bauer schläft, bringt die Erde ihre Frucht; „automatä", d. h. von selbst; „der Mann weiß nicht, wie" (Vers 27). Weil wir daran nicht mehr glauben, können wir uns nicht mehr schlafen legen. Wer glauben kann, kann schlafen wie Johannes XXIII., der Bauernsohn auf dem Stuhl Petri. Von ihm stammt das wunderbare Wort: „Der Herr wird denen entgegenkommen, die ihre Pflicht tun mit Ruhe, Würde und Geduld, ohne sich den Kopf heiß zu machen wegen der Dinge, die morgen oder in Zukunft geschehen könnten."[8]

Wer glauben kann, daß der Herr ihm entgegenkommt, d.h. ihm zuarbeitet, wird frei von dem Zwang, alles selber tun zu müssen und immer und für alle dazusein, frei von dem leblosen und lustlosen Grundsatz der flächendeckenden Pastoral! Allgegenwart ist ein Attribut Gottes; wenn wir Gott zu imitieren versuchen, kommt nur jene scheußliche Pseudopräsenz heraus, jene elende geteilte Aufmerksamkeit, die eine alte Dame, wie mir ein evangelischer Vikar erzählt hat, einmal so charakterisierte: „Herr Vikar, Sie sind nicht immer da, aber wenn Sie da sind, sind Sie da. Der Herr Pfarrer ist immer da. Aber er ist nie da."

Wer mit dem Kommen der Gottesherrschaft rechnet, kann sich leisten, auch einmal nicht da zu sein. Er wird es auch den andern zumuten, und sie werden darüber selbständig werden. Er gewinnt den Mut, dort Grenzen zu setzen, wo seine eigene Verfügbarkeit am Ende ist: „Ich habe jetzt eine Stunde Zeit für Sie." Nach dieser Stunde entläßt er den andern in die Hand Gottes hinein, ohne Furcht, etwas zu verpassen. Wer mit dem Entgegenkommen des Herrn rechnet, bringt eine klare Struktur in seinen Alltag: Er mutet den andern zu (und sie akzeptieren), daß sich der Bauer um 10 Uhr am Abend schlafen legt. Unsere Gemeinden brauchen keine Hektiker, auch keine Übermenschen. Unsere Gemeinden brauchen Menschen. Auch Gott braucht nur Menschen. Vor Gott sind „tausend Jahre wie ein Tag" (Ps 90, 4).

Was wir unserer Zeit schuldig sind, ist das Zeugnis eines anderen, alternativen, eines erlösten Umgangs mit der Zeit. Natürlich können wir das nicht als einzelne schaffen. Aber unsere Gemeinden könnten Orte sein, an denen wir einen alternativen Umgang mit der Zeit einüben; Orte, an denen wir einander die falsche Sorge um die Zeit ausreden, einander ermutigen, uns nicht um den morgigen Tag zu sorgen (Mt 6, 34), sondern im Heute Gottes zu leben.

Erster Ort der Einübung dieses alternativen, gesellschaftskritischen Umgangs mit der Zeit ist die Liturgie, die heilige Zeit, die wir miteinander vor Gott verbringen, in dessen Händen unsere Zeit ruht (Ps 31, 16). So steht auf einem Kirchenportal: „Hier stößt Eile auf Zeit." Deshalb wirkt sich die Hektik der Priester nirgends verheerender aus als in der Hast vieler Gottesdienste, in der Pseudopräsenz, in der sie häufig ihr Vorsteheramt in der Eucharistiefeier ausüben, schon auf dem Sprung, die nächste Eucharistie in der anderen Pfarrei zu halten, die zweite Weihnachtsmette, die zweite Osternacht, die nächste Firmung an diesem strapaziösen Vormittag.

Wer von uns käme auf den Gedanken, in eine Familie zum Abendessen zu gehen und sich nach einer Stunde mit der Begründung zu verabschieden: Ich bin nämlich noch in einer anderen Familie zum Abendessen eingeladen? Unsere Physiologie bewahrt uns vor solchem monströsen Unsinn, vor solch halbierendem, brüskierendem Umgang mit der Anwesenheit anderer Menschen. Aber mit dem Herrenmahl glauben wir, so umgehen zu können. Der gute Zweck heiligt ja die Mittel ...

Hier lügen wir uns in die Tasche. Hier leben wir über unsere Verhältnisse. Hier gilt das Sprichwort: „Ein Schelm, wer mehr gibt, als er hat." Da rettet uns auch kein opus operatum. So sind wir keine Repräsentanten Christi. Er ist nicht von einem Mahl mit Zöllnern und Dirnen zum anderen gehetzt. Er ist auch nicht am Herzinfarkt gestorben! Wir lügen uns in die Tasche, wenn wir den Herzinfarkt zum priesterlichen Heldentod hinaufstilisieren! Er ist vielmehr ein Ausdruck der Verfallenheit an unsere Zeit[9]. Wir sterben infiziert von ihrem Tod. Wir sterben den gesellschaftlich verordneten Tod, statt ihn in der Kraft der Auferstehung Christi zu überwinden! Es nützt nichts, auf die Ritualien aufzudrucken: „Die Feier der Krankensalbung", „Die Feier der Versöhnung". Das bleibt liturgischer Etikettenschwindel, wenn wir als Vorsteher solcher Feiern nicht mehr zu feiern verstehen. Wenn wir nur noch für andere Weihnachtsmetten halten, aber selber nicht mehr Weihnachten zu feiern vermögen. Als ich bei meinem ersten Aushilfeeinsatz in der Seelsorge, Weihnachten 1960, von der Weihnachtsmette aus der Filialkirche zurückkam, traf ich den Pfarrer auf dem Wohnzimmertisch stehend an, wie er die elektrischen Birnchen am Christbaum anbrachte! Wie feiern wir Priester Weihnachten? Was passiert bei uns *nach* der Liturgie? Wenn da nichts mehr geschieht, war unsere Liturgie nur „dröhnendes Erz und eine lärmende Pauke" (1 Kor 13,1), Vortäuschung falscher Tatsachen. Ich kann mich gut entsinnen, wie ich ein anderes Mal, ich glaube, es war vor dem Osterhochamt, als der Pfarrer den zweiten Meßdiener zusammengebrüllt hatte, die Dalmatik ablegte und mit zitternder Stimme sagte: „Noch ein solcher Ausfall, und Sie müssen das Dreiherrenamt ohne mich halten."

Ich wußte, daß die reine Erschöpfung ihn regelmäßig an den Feiertagen aus der Fassung geraten ließ. Aber so kann man nicht feiern. So können wir Christus in der Gemeinde nicht repräsentieren. So können wir nicht eine Ahnung davon vermitteln, was das Reich Gottes ist, und das wäre doch der Sinn der Liturgie.

Einen neuen Umgangsstil wagen

Pastoral im Horizont der Gottesherrschaft macht uns frei – nicht nur für das Jetzt, sondern auch für das Hier. Das Reich Gottes gibt es nicht irgendwo. „Man kann nicht sagen: Seht, hier ist es!, oder: Dort ist es!, denn: das Reich Gottes ist mitten unter euch." Es ereignet sich unter meinen Augen, vor meinen Füßen – oder überhaupt nicht; in dem Umgangston, in dem Umgangsstil, in der Aufmerksamkeit, die wir füreinander aufbringen, so wie Jesus den Menschen, die ihm begegnet sind, durch die Weise, wie er mit ihnen umging, „aufgehen" ließ, wer Gott ist. So wurde er zur Offenbarung Gottes: für den Zachäus im Baum, für die Ehebrecherin im Kreis der Schriftgelehrten, für die blutflüssige Frau in der Masse, für die Sünderin, die ihm im Haus des Simon die Füße wäscht: in der Weise, wie er mit diesen Menschen umgeht, macht er offenbar, wer Gott für sie ist. In der Weise, wie er mit ihnen umgeht, nimmt er Gott für sie in Anspruch, ermöglicht er ihnen zu glauben, daß Gott sie liebt.

Ich frage mich, was würde sich ändern, wenn wir so in eine Sitzung des Pfarrgemeinderats hineingingen, in eine Besprechung mit unserem Pastoralassistenten, in ein Gespräch mit Firmlingen oder mit Tischmüttern: „Du hast mehr Möglichkeiten, als du ahnst, ganz zu schweigen von den ungeahnten Möglichkeiten Gottes mit dir."¹⁰ Ob es da nicht lebendig würde? Ob uns da nicht ungeahnte Helfer zuwachsen würden? Pfarrer Bernhard Honsel erzählt,¹¹ er habe bei seiner ersten Sitzung mit dem Pfarrgemeinderat in Ibbenbüren erklärt, er werde von dem Vetorecht, das ihm als Pfarrer zustehe, niemals Gebrauch machen; denn er gehe davon aus, daß in diesem Kreis, wenn man ernsthaft miteinander über eine Frage nachgedacht hätte, kein Beschluß fallen würde, der gegen den Glauben und die Sittenlehre der Kirche verstößt oder ihn, den Pfarrer, zu etwas zwingen könnte, was seinem Gewissen widerspricht. Dieser Vorschuß an Vertrauen hat das Eis gebrochen. Dadurch hat Pfarrer Honsel nicht nur für sich Vertrauen und Autorität in dieser Gemeinde gewonnen, sondern zugleich erlebbar gemacht, wer Gott ist und wie Gott zur Herrschaft kommen will, nämlich dadurch, daß niemand mehr über den anderen herrscht, weil die Liebe herrscht.

Wir müssen abrüsten. Was uns blockiert und als Menschen im priesterlichen Amt vereinsamen läßt, ist die Rüstung, die wir tragen. Der Gott, der bei uns ist in unserer Bedrängnis, macht uns frei, die Rüstung abzulegen, so wie David die Rüstung des Saul ablegte, als er merkte, daß sie ihn nur behindern würde: „Ich kann in diesen Sachen nicht gehen, ich bin nicht daran gewöhnt" (1 Sam 17, 39). Und er ging gegen Goliat ohne Waffen, im Namen des Herrn, so wie Jesus uns, seine Jünger, auf die Menschen zuschickt: ohne Beutel, ohne Stab, ohne Vorratstasche und ohne Schuhe (Lk 10, 3): „Wenn ihr in ein Haus kommt, so sagt als erstes: Friede diesem Haus! Heilt die Kranken, die dort sind, und sagt den Leuten: Das Reich Gottes ist euch nahe" (Lk 10, 5.9).

Davor haben wir noch Angst. Wir schwanken noch

zwischen Sauls Rüstung und Davids Hirtenschleuder. Die Angst, den kürzeren zu ziehen, läßt uns Sicherheit suchen, Abstand halten, Vorleistungen erwarten, statt „im Namen des Herrn" die Armut zu wagen, die Jesus seligpreist, weil sie uns in einen wunderbaren Prozeß wechselseitiger Befreiung hineinführt, sobald wir erst die Erfahrung machen, wieviel wir selbst geschenkt bekommen, wenn wir erst darauf verzichten können, immer selbst zu geben; wenn wir fähig werden zu entdecken, als Geschenk für uns zu empfangen, was die anderen zu geben haben. Geben ist tatsächlich seliger als Nehmen. Man kann einen Menschen nicht glücklicher machen, als wenn man ihm die Chance einräumt, zu geben, was er zu geben hat. Man kann ein Kind, einen Jugendlichen in seinem Wachstum nicht mehr fördern, als wenn man sich ernsthaft von ihm beschenken läßt in dem, was dieses Kind, was dieser Student, was dieser Praktikant zu geben hat. Nur wenn dieses Wechselspiel in Gang kommt, ereignet sich ja das Wunder Gottes, das wir Gemeinde nennen: das Klima des Wohlwollens, des Respekts vor der Würde jedes einzelnen, das die Begabungen herauslockt, die in jedem stecken, die er nur aus Angst bei sich verborgen hält, sie könnten nicht genügen[12]. Wir entdecken, daß vor unseren Augen geschieht, wovon der Ps 65 spricht: „Der Bach Gottes ist reichlich gefüllt ... Du tränkst die Furchen, ebnest die Schollen, machst sie weich durch Regen, segnest ihre Gewächse. Du krönst das Jahr mit deiner Güte, deinen Spuren folgt Überfluß."

Sich dem Leben öffnen

Dieser Überfluß ist auch mir, dem Priester, zugedacht; ich muß nur lernen, mich ihm zu öffnen. Ich muß die Schleuse öffnen, damit er in mich hinein- und aus mir herausströmen kann. Das Schleusentor ist die Emotionalität, das Herz – nicht der Kopf. Wieviel von dem Besten an uns hat sich nicht vom Kopf her entwickelt, nach Plan, nach Vorschrift, sondern rein zufällig, weil dieses Tor offenstand, allen erzieherischen Plänen und Kontrollen zum Trotz? Wieviel von dem, was uns im besten Sinn des Wortes liebenswert macht, ist nicht ein Ergebnis von Methode, sondern von glücklichen Inkonsequenzen, weil da Lücken im System waren, Ritzen, aus denen hervorbrechen konnte, was in uns steckte, weil Gott es uns in die Wiege gelegt hat? „Ich weiß nicht, für wen ich schreibe, aber ich weiß, warum ich schreibe. Ich schreibe, um mich zu rechtfertigen. – In wessen Augen? In den Augen des Kindes, das ich einmal war." Dies schreibt einer der großen, leidenschaftlichen Christen unseres Jahrhunderts: George Bernanos. Er behauptet, zeit seines langen und stürmischen Lebens in Frankreich, Spanien, Brasilien und Tunesien keine wesentlichen Erfahrungen und Einsichten gewonnen zu haben, die ihm nicht im Kern bereits als Kind zuteil geworden wären. „Was bedeutet schon mein Leben? Ich will nur, daß es bis zum Schluß dem Kind treu bleibt, das ich einmal war."[13]

Unser Verhältnis zu Kindern hängt davon ab, ob wir dem Kind in uns Raum geben. Hand aufs Herz: Wann haben wir das letzte Mal gespielt – gleichgültig, ob Fußball, Klavier oder Malefiz? Wann waren wir das letzte Mal in einem Konzert? (Ich meine nicht das Konzert, das der eigene Kirchenchor gegeben hat!)

Wann haben wir den letzten Roman gelesen, zweckfrei, aus reiner Lust, ohne Verwertungsabsichten? Ein Buch vom Leben, saftig, widersprüchlich, witzig wie Alexis Sorbas?

Es gibt eine mittelalterliche Buchmalerei zu dem Psalmvers: „Was bist du traurig, meine Seele, und was stürmst du so in mir?" (Ps 42, 5). Da hockt die Anima „ausgesetzt auf den Bergen des Herzens" (R. M. Rilke) und weint, weil sie nicht leben darf, weil sie nicht singen darf, weil all die kleinen Dinge, die ihr wichtig sind, nicht mehr wichtig sein sollen[14]. Wieviel an untergründiger Mißstimmung, an mangelndem Schwung und verschleppter Traurigkeit im Leben eines Priesters hängen damit zusammen, daß er seine Anima in sich mißhandelt? Es gibt ja nicht nur das Kind im Manne; es gibt auch die Frau im Manne (wie den Mann in der Frau). Ein ganzer Mensch können wir – das ist eine der bleibenden Einsichten der Tiefenpsychologie C. G. Jungs – nur werden in dem Maß, als wir, besonders in der zweiten Lebenshälfte, die gegengeschlechtlichen Anteile in uns zum Zug kommen lassen[15]. Das ist nicht als billiger Trost für Zölibatäre gesagt, sondern bildet eine elementare Voraussetzung dafür, daß Ehen in der zweiten Lebenshälfte nicht verkümmern. Aber deshalb können wir umgekehrt die Kultivierung der Emotionalität auch nicht den Eheleuten anempfehlen, während wir sie bei uns verkommen lassen.

Die Aufmerksamkeit für das Kind in uns, die Integration der Anima, die Kultivierung der Sinnlichkeit hat etwas zu tun mit dem Kommen der Gottesherrschaft. „Du liebst alles, was ist, und verabscheust nichts von allem, was du gemacht hast; denn hättest du etwas gehaßt, so hättest du es nicht erschaffen. Du schonst alles, weil es dein Eigentum ist, Herr, du Freund des Lebens" (Weish 11,24-26).

Jesus ist gekommen, damit wir das Leben haben, und zwar in Fülle (Joh 10,10). „Amen, ich sage euch: Jeder, der um meinetwillen und um des Evangeliums willen Haus oder Brüder, Schwestern, Mutter, Vater, Kinder oder Äcker verlassen hat, wird das Hundertfache dafür empfangen: jetzt in dieser Zeit wird er Häuser, Brüder, Schwestern, Mütter, Kinder und Äcker erhalten, wenn auch unter Verfolgungen, und in der kommenden Welt das ewige Leben" (Mk 10,29f.). Wer als Priester den Eindruck hat, diese Verheißung sei an ihm vorübergegangen, muß wissen, daß etwas bei ihm nicht richtig läuft. Er hat die Umkehr noch vor sich. „Denn Gottes Sohn Jesus Christus ... ist nicht Ja und Nein zugleich, sondern in ihm haben alle Verheißungen Gottes ihr Ja gefunden" (2 Kor 1,19).

Alle Furcht ablegen

Über dem Katholikentag 1984 stand das Motto: „Dem Leben trauen, weil Gott es mit uns lebt." Dieses Wort des Priesters und Märtyrers Alfred Delp gilt besonders für den Bereich, in dem das Leben am tiefsten gefährdet ist, wo es deshalb auch am meisten Vertrauen braucht: wenn das Leben scheitert, wenn wir schuldig werden.

Wenn nicht alles täuscht, rührt die Leblosigkeit, unter der Priester leiden, auch daher, daß sie fürchten, schuldig zu werden, wenn sie mehr Leben wagen. Und sie haben recht mit dieser Befürchtung. Das Leben ist riskant; es ist irrational und widersprüchlich. Es wird nicht nur die starken Seiten, sondern auch die dunklen Möglichkeiten freisetzen. „Der Weg wird dich deine

Unschuld, deine Wunschbilder und deine Gewißheit kosten." Du kannst deine Unschuld bewahren, indem du daheim bleibst, aber nur um den Preis, daß du nicht lebst. Und das wird dann deine Schuld sein: daß du wie der Knecht im Gleichnis dein Leben in der Erde vergraben hast (Mt 25, 14–30). Es ist ja eigentlich kein fauler Knecht, sondern ein ängstlicher Knecht: „Herr, ich weiß, daß du ein gestrenger Mann bist ..." Der Ernst dieses großartigen Gleichnisses besteht darin, daß Gott solche Angst nicht gelten läßt. Ihn stört die Möglichkeit, daß wir schuldig werden, weit weniger als das Mißtrauen, das wir gegen das Leben hegen und das er gegen sich gerichtet sieht, weil er ein „Freund des Lebens" (Weish 11, 26) ist, bereit, uns zu vergeben, was uns im Wagnis des Lebens danebengeht. Wenn wir dem Leben nicht trauen, obwohl Gott es mit uns wagt, trauen wir dem Gott nicht, der uns in dieses Leben hineingestellt hat, obwohl es riskant ist. Zum Glauben gehört deshalb die Bereitschaft, dieses Leben in seinen Ambivalenzen, in seinen Krisen und Brüchen anzunehmen. Gott rechnet damit, daß es den Bruch in unserer Biographie gibt, die Stagnation, den Umweg, den Schatten[16]. Nur wir selbst meinen, wir dürften das nicht akzeptieren.

Zu unserer Entlastung sei eingeräumt – und das stellt sicher auch der liebe Gott in Rechnung –, daß Theologen und Kirchenmänner hier besondere Schwierigkeiten haben. Das muß mit der Logik einer Männerkirche zusammenhängen, die erst (und schon) zufrieden ist, wenn alles auf dem Papier stimmt: nach den Regeln der Dogmatik und des Rechts. Nicht nur der einzelne Priester, sondern auch die Kirchenleitung tut sich unendlich schwer mit ihrem Schatten zu leben: mit der Last ihrer historischen Schuld in jedem Jahrhundert, auch in dem unseren; mit der Tatsache, daß die Kirche der nördlichen Hemisphäre wirtschaftlich, politisch und bewußtseinsmäßig in das himmelschreiende Unrecht verstrickt ist, das wir der Dritten Welt antun; sie verschleppt die Versöhnung mit denen, von denen sie sich desavouiert fühlt: mit den Geschiedenen, mit den laisierten Priestern. Sie hat in geradezu beklemmender Weise das Moment des Tragischen in der menschlichen Existenz geleugnet[17], das Dilemma unlösbarer Konflikte, in die ein Mensch geraten kann, und so gerade die im Stich gelassen, die ihre Solidarität am meisten nötig hätten. Nur einmal im Jahr, in der Osternacht, wagt sie laut zu sagen, daß es auch die „felix culpa" gibt, weil es Gott gibt!

Wir sind hier wie Leute, die unter einer doppelten Behinderung leiden: als Männer und als Theologen sind wir in einer Weise von der Stimmigkeit unserer moraltheologischen Argumente und der Lückenlosigkeit unserer kirchlichen Gesetzgebung abhängig, daß uns die souveräne Inkonsequenz Gottes nur Probleme schafft, statt daß wir uns an ihr freuen und von ihr erlösen lassen könnten. Ich meine die Inkonsequenz der Liebe Gottes, der den Abel rächt, aber auch dem Kain vergibt; der seinem Volk das Gericht androht, aber sich dann selber ins Wort fällt: „Wie könnte ich dich preisgeben, Efraim, wie dich aufgeben, Israel! Mein Herz wendet sich gegen mich, Erbarmen überwältigt mich. Ich will meinen glühenden Zorn nicht vollstrecken und Efraim nicht noch einmal vernichten. Denn Gott bin ich, nicht ein Mensch; der Heilige in deiner Mitte, nicht dein Verderber" (Hos 11, 8–10).

Dank dieser mütterlichen Unvernunft Gottes, dank dieser Torheit, die weiser ist als die Weisheit von uns Menschen, gelingt es diesem Gott hin und wieder, selbst unsereinen aus dem verzweifelten Zirkel von Angst und Schuld herauszuführen. So lesen wir bei Johannes Tauler († 1361): „Das Pferd macht den Mist in dem Stall, und obgleich der Mist Unsauberkeit und üblen Geruch an sich hat, so zieht doch dasselbe Pferd denselben Mist mit großer Mühe auf das Feld, und daraus wachsen der edle schöne Weizen und der edle süße Wein, die niemals so wüchsen, wäre der Mist nicht da. Nun, dein Mist, das sind deine eigenen Mängel, die du nicht beseitigen, nicht überwinden noch ablegen kannst, die trage mit Mühe und Fleiß auf den Acker des liebreichen Willens Gottes in rechter Gelassenheit deiner selbst. Streue deinen Mist auf dieses edle Feld, daraus sprießt ohne allen Zweifel in demütiger Gelassenheit edle, wonnigliche Frucht auf."[18] Das sind Worte einer unerhörten inneren Freiheit, die dem Leben traut, weil Gott es mit uns lebt, runde 600 Jahre älter als C. G. Jungs Lehre über die Integration des Schattens! Einsichten, die möglich geworden sind, weil jemand zu glauben wagte, daß Gott reich ist an Erbarmen; allmächtig, nicht weil er alles machen, sondern weil er auch noch das Böse zum Guten zu wenden vermag!

Wo beginnen?

Ob sich in einem Leben etwas ändert, hängt entscheidend davon ab, ob der erste Schritt an der richtigen Stelle gewagt wird. Das ist bei jedem ein anderer Ort. Niemand kann ihn uns sagen; aber niemand kennt ihn auch besser als wir selbst. Es ist die Stelle, wo schon lange ein verborgener Schmerz sitzt; schon lange, weil wir ihn immer wieder ignoriert haben, obwohl er, wie jeder Schmerz, ein Signal des Lebens ist. „Feel your own pain!" Fühle deinen Schmerz! Zeige deine Wunde! Wir sind viel zu sehr trainiert worden, Verletzungen, Unstimmigkeiten, Spannungen im Seelsorgsalltag einfach wegzustecken, statt Rat zu suchen. Das ist unser Verhängnis, denn die heutige Priestergeneration hätte ungleich mehr Chancen, kundige Hilfe zu finden, als die älteren Mitbrüder sie je hatten! Wer sich mit sich selber auseinandersetzen will, dem kann wirklich geholfen werden[19]. Darum möchte ich am Ende nur den Blick auf ein Bild lenken, das uns zum Aufbruch ermutigt, weil es zugleich die Rast verheißt, die wir nötig haben werden, um den Weg zu bestehen.

Im Priesterhaus in Kyllburg, in einem der Gruppenräume unter dem Dach, befindet sich an der Wand eine bäuerliche Christusfigur, eine Art Schmerzensmann, sitzend, das Kinn in die Hand gedrückt, so wie wir Walter von der Vogelweide dargestellt finden oder, in der Neuzeit, den Denker von A. Rodin. Was hat es mit diesem nachdenklichen Christus auf sich? Es handelt sich um ein kostbares Motiv mittelalterlicher Passionsfrömmigkeit und eine Variante der Kreuzwegstation „Christus wird seiner Kleider beraubt". Die „Graue Passion" von Hans Holbein d. Ä.[20] zeigt Christus entblößt; im Kreis seiner Peiniger sitzt er auf dem Kreuz, auf den Ellenbogen gestützt. Das Bild trägt den Titel „Christus in der Ruhe".

Ich denke, inmitten des Wirbels, der sie umgibt und zu erdrücken droht, ist für Priester heute nichts so wichtig, nichts so wohltuend und befreiend wie der Blick auf diesen Christus in der Ruhe. Von ihm stammt das Wort: „Wer mein Jünger sein will, der verleugne sich selbst, nehme sein Kreuz auf sich und folge mir nach" (Mt 16, 24). Aber er zeigt uns auch, daß wir, mitten in der Bedrängnis, auf unserem Kreuz niedersitzen und uns ausruhen dürfen: „Kommt alle zu mir, die ihr euch plagt und schwere Lasten zu tragen habt. Ich werde euch Ruhe verschaffen. Nehmt mein Joch auf euch und lernt von mir; denn ich bin gütig und von Herzen demütig; so werdet ihr Ruhe finden für eure Seele (Jer 6,16), denn mein Joch drückt nicht und meine Last ist leicht" (Mt 11,28).

Nachtrag: Ein erstes Echo

Über diesen Text sprach eine Cursillo-Frauengruppe, deren Mitglieder alle in ihren Pfarrgemeinden engagiert sind. Ihre Niederschrift mag helfen, die Situation der Priester aus der Optik von Laien, näherhin Frauen, zu beleuchten, die den Glauben und das Leben mit der Kirche für sich neu entdeckt haben.

Hier ein paar Anmerkungen aus dem Gespräch in unserer Gruppe, ungeordnet, kunterbunt, nicht gewertet und gesichtet:

Erste Reaktion, mit vollem Gelächter: „Wie konnte der das nur so schreiben – der kennt den (gemeint war der jeweilige Pfarrer) ja gar nicht!" Zweite Reaktion, nachdenklicher: „Wie konnte der das so schreiben – der kennt mich doch gar nicht." Also: Besagte Probleme sind nicht Priesterprobleme allein. Sie betreffen engagierte Christen so weitgehend, daß es bedenklich ist.

„Krisenangst" und *„Gegenwind"*. – Stimmt alles. Aber immer und immer wieder frage ich mich, wieso alle vom Gegenwind reden und ihn fürchten, aber gerade bei den Priestern kaum einer den frischen Rückenwind spürt, aufnimmt, den der Heilige Geist uns gerade jetzt so ganz unübersehbar liefert. Kaum ein Priester wagt es, sich über diese Aufbrüche, Neuanfänge, Hoffnungszeichen auch nur wirklich zu informieren – aus lauter Angst, er könnte da etwas treffen, das ihn zu Entscheidung und Engagment drängt. Taizé? Sollen die Kapläne mit der Jugend hinfahren! Fokolare, Charismatiker, Cursillo ...? Unausgewogene Spinner, die die Einheit gefährden! Das Urteil steht fest, ehe der Blick auch nur gewagt ist. Da, scheint mir, sind wir Laien viel unbelasteter und können viel eher schätzen, wenn man uns zeigt: „Seht, es grünt schon – spürt ihr es nicht?"

„Kooperationsprobleme". – Reibungsverluste sind offenbar. Aber sie wurzeln tiefer als nur in der Angst, etwas könnte nicht so perfekt werden, und ich muß es daher selbst machen. Der Reibungsverlust – unter dem fast alle Engagierten heftig leiden – wurzelt wohl im alten Bild des Priesters von seiner Funktion: Ich bin der Hirt – ihr seid die Herde. Ihr braucht nur zu laufen – ich bin verantwortlich fürs Vorwärtskommen, für Richtung, Ziel, ach, eigentlich für alles. Hier ich – da die Herde.

Ein Wir der Zusammenarbeit ist nicht gegeben. Wenn ich zu unserem Pfarrer komme, sehe ich, noch bevor ich zu sprechen anfange, im Hintergrund seines Auges die Angst aufglimmen: „Was will sie denn jetzt schon wieder? Was muß ich denn noch alles tun? Wie kann ich wohl abwehren?" So gibt es keine wirkliche Kooperation. Auch deshalb schätze ich unsere Cursillos so sehr: weil Priester und Laien dort absolut gleichwertig zusammenarbeiten. Wir gucken, gehen, arbeiten in dieselbe Richtung, das ist alles. Und jeder im Team fängt nach Kräften die Belastung des anderen auf. So stelle ich mir das vor. Im letzten Kurs fiel mittendrin unser Priestermitarbeiter aus, weil seine Mutter gestorben war. Ich habe mich auf die Suche gemacht – und völlig unerwartet, dankenswerterweise hat unser Pfarrer seine Mitarbeit zugesagt. Als er ankam, haben wir zunächst Organisatorisches geklärt. Dann wollte er anfangen, aber ich habe noch vorher um etwas anderes nachgesucht: daß wir gemeinsam um das Gelingen des Kurses beten. Wir haben das getan, laut, persönlich und frei. Das war, ehrlich gesagt, für mich eine ziemlich überwältigende Erfahrung. Für ihn wohl auch. In den Gemeinden betet der Pfarrer „vor" – Unverbindliches.

„Emotionale Verarmung". – „Dies ist mein Gebot – liebt einander". Nichts anderes scheint mir so grundlegend im Christentum wie dieser Satz. Aber – einfache Christen fragen einfach – wen liebt eigentlich der Pfarrer? Ich weiß

schon ... aber das stimmt nicht. Er liebt uns nicht, er verwaltet uns.

Eins ist uns bitter aufgestoßen: Es gibt doch kein, gar kein Wort, das uns im Verhältnis zum Pfarrer bezeichnet. Bei Paulus waren wir noch Geliebte – aber wenn der Pfarrer auf der Kanzel „Freunde" sagt, stößt es uns schon bitter auf, weil er damit eigentlich lügt. Wir sind „Gemeindemitglieder" – Karteiposten. Oder „Schäflein" – dummes Vieh. Oder „Pfarrkinder" – Unmündige.

Bei einem Einkehrtag für Katecheten (= Tischmütter) erklärte uns ein kirchlicher Würdenträger, wir brauchten keine Angst vor dem Friedensgruß zu haben, wenn wir etwa meinten, bei diesem oder jenem Nachbarn hätten wir innere Vorbehalte. So direkt und so simpel sei das ja nicht gemeint – nur so ein allgemeiner Audruck guten Willens, mehr nicht. Was dächten wir denn, wie viele Zelebranten sich sonst nicht den Friedensgruß bieten könnten!

Gott sei Dank waren sehr viele anwesende Frauen empört über den Ausspruch. So dumm sind wir: Wenn wir sagen „Frieden", meinen wir „Frieden" – und wenn wir hören „Liebe", meinen wir „Liebe". Daß wir das nicht immer schaffen? Selbstverständlich. Aber deshalb lassen wir uns doch nicht gleich das Ziel verwässern.

Und wer liebt den Pfarrer? Pfarrhäuser sind kalte Löcher. Wenn man die Türe aufmacht, weht einem feuchte Kälte entgegen. Und von da soll Wärme für die Gemeinde ausgehen? Und wenn ich besten Willens hingehe – nach einer Viertelstunde habe ich kalte Füße. Und warum nur? Wir landen beim Stichwort:

„*Angst*". – Das sind kennzeichnende Tätigkeiten von Priestern: Abwehren, abweisen, abwägen, Gerechtigkeit widerfahren lassen („Ich esse in keinem Haus etwas – sonst beschweren sich morgen andere, bei denen ich das nicht tue."). Das ist klug – verwaltet. Unheil verhütet. Aber Verhütung ... Der Satz ist köstlich, der geht mir nach!

Gegenerfahrungen schärfen den Blick. Wir haben eine Cursillogruppe aufgebaut (sie wächst ganz allmählich in Richtung Basisgemeinde), in der wir angstfrei miteinander leben. (Mit den menschenüblichen Streifen, aber doch enorm weitgehend.) Mir scheint das so: Wir haben da eine

Umwelt – in klein – errichtet, in der wir nach christlichem Codex miteinander umgehen.

Unsere Pfarrer, so bitter es klingt, leben nicht in einer christlichen Umwelt, denn die Gemeinden haben sich ganz offensichtlich dieser Welt gleich gemacht. Wir betiteln, belasten, belügen, bemißtrauen, beschummeln und bevormunden uns in unseren Gemeinden, wie überall sonst in der Welt. In unserem Bistumsblatt fragte ein Leser an, wie die kirchlichen Titulaturen und Ehrenämter zu verstehen seien. Der antwortende Priester (gelehrter Mann!) setzte ihm alles im einzelnen auseinander – Herkunft, Funktion und Aussage der Bezeichnungen. Er merkte nicht einmal, daß dahinter die bange Frage steht, wie es wohl sein kann, daß wir Christen uns überhaupt betiteln!

Wie kann man diesen Teufelskreis aufbrechen? Muß man die alten Gemeinden, Strukturen wiederbeleben, allmählich wandeln? Oder hilft es nur noch, auszuwandern und ganz neu anzufangen? Ganz offenbar ist eins: Die menschliche Situation des Priesters ist unser Problem, ganz haarscharf. *L. M.*

III

Priester und Laien in der Seelsorge

„Priester und Laien in der Seelsorge" – das Thema ist so allgemein und auch so friedfertig formuliert, daß man es mühelos schon vor dreißig Jahren als Motto für einen Priestertag hätte wählen können. Da wäre dann die Rede gewesen von der Bedeutung der Laien für die Kirche, vom Laienapostolat, von Laienhelfern in der Seelsorge; aber unterm Strich wären sich alle einig gewesen: die eigentliche Seelsorge ist natürlich Sache der Priester. Nur unter dieser Prämisse hätte man damals über das Verhältnis von Priestern und Laien in der Seelsorge nachgedacht.

Wir stehen aber nicht mehr in den fünfziger, sondern in den achtziger Jahren. Wir bewegen uns innerhalb von pastoralen Rahmenplänen, die für die nächsten zehn Jahre Zahlen präsentieren, die dem Thema jeden unverbindlich-erbaulichen Dunstschleier nehmen; denn diese Zahlen lassen erkennen: wo es in zehn Jahren überhaupt noch Seelsorge gibt, die diesen Namen verdient, wird das eine Seelsorge sein, die Priester und Laien gemeinsam tun.

Was verbindet Priester und Laien in der *eigentlichen* Seelsorge? So lautet das Thema 1985! Wir wollen uns ihm vorsichtig, bescheiden, aber auch nüchtern und gläubig stellen. Nüchtern, weil wir wissen, daß wir so oder so in den nächsten Jahren gewaltig werden umlernen müssen. Gläubig, weil wir darauf vertrauen dürfen, daß uns der Geist Christi gerade durch Engpässe und Krisen, wie wir sie erleben, hindurch in alle Wahrheit einführt, daß er uns ermutigt, damit wir prüfen und erkennen können, was der Wille Gottes ist (Röm 12, 2).

1. Die neuen pastoralen Dienste

Für die Entwicklung, in der wir im Augenblick stehen, erweist sich die im März 1977 von der Deutschen Bischofskonferenz verabschiedete „Ordnung der pastoralen Dienste" als ein Meilenstein[1]. Dort haben ja die deutschen Bischöfe verbindlich erklärt: Wir wollen in Zukunft nicht nur Priester und Diakone, wir wollen auch hauptamtliche Laien im pastoralen Dienst, und zwar sind für uns diese Laiendienste nicht nur eine Ersatzlösung für den Priestermangel, sondern ein Strukturelement der Gemeinde von morgen. Wir wollen nicht nur Männer, sondern auch Frauen im pastoralen Dienst, und zwar schon jetzt und trotz der zögernden Haltung Roms in der ganzen komplexen Frage der Frauenordination. Wir wollen schließlich neben Akademikern auch Nichtakademiker im pastoralen Dienst. Wir widersetzen uns einer unbedachten Akademisierung der kirchlichen Arbeit, wie sie sich vom Trend der heutigen Bildungspolitik her nahelegt.

Damit schufen die Bischöfe den geltenden Fächer der pastoralen Dienste auf der Grundlage der Unterscheidung von „Amt" und „Dienst", die beide das Volk Gottes gliedern und beide die eine Sendung Jesu fortführen. Amtsträger und Laien haben nicht verschiedene, sondern dieselbe Aufgabe, die Sendung Jesu

Christi als Kirche in dieser Welt weiterzuführen. Sie tun nicht Verschiedenes, sondern das Gleiche, allerdings in unterschiedlicher Verantwortlichkeit, von unterschiedlichen Positionen im Volk Gottes aus, deshalb auch mit unterschiedlichen Akzenten, in unterschiedlichen Räumen.

Das priesterliche Amt (und mit ihm zusammen auch der Diakonat) wird als Dienst an der Einheit der Gemeinde begriffen und deshalb vornehmlich im Innenraum der Gemeinde lokalisiert. Der pastorale Dienst des Priesters also ist ein beseelender „Innendienst", den er von seiner zentralen Position aus leistet. Er steht kraft seines Amtes als Repräsentant Christi in der Gemeinde und tritt ihr insoweit auch gegenüber. Dazu ist er ordiniert.

Der pastorale Dienst des Laien dagegen wurzelt nicht in der Ordination, sondern in der Taufsendung. Sein genuiner Ort ist nicht das Zentrum des Kreises Gemeinde, sondern die Peripherie. Das ist aber in der Perspektive des kommenden Reiches Gottes kein Randbereich, sondern die eigentliche Einbruchstelle, der Ort, an dem Menschen leben und leiden, fallen und aufstehen; das sind die Hecken und Zäune, an denen Jesus selber Seelsorge getrieben und verkündigt hat; wo die Krüppel und die Lahmen, die Bettler und die Armen leben, denen das Evangelium gilt und für die die Gemeinde Jesu da ist. Der pastorale Dienst des Laien muß von dieser seiner Frontposition begriffen werden, von dem Spannungsfeld zwischen Kirche und Gesellschaft, in dem er als Laie von Haus aus steht, auch wenn er vollberuflich im kirchlichen Dienst steht.

Diese Gegenüberstellung macht deutlich, daß die neuen pastoralen Dienste in der Tat nicht nur den Priestermangel aufzufangen suchen, vielmehr sind sie in ihrer Differenziertheit gewissermaßen die organisatorische Antwort der Kirche auf eine differenzierter gewordene Welt, auf eine differenzierter gewordene Gesellschaft. Dahinter steht ein neues Konzept der Ortskirche und der Ortsgemeinde. Es liegt auf der Linie des Vatikanum II und der Pastoralkonstitution, die sich ja ausdrücklich zur Solidarität mit den Menschen in Freude und Hoffnung, Trauer und Angst bekannt und damit auch eine Anpassung der Kirche an die sozialen Strukturen gefordert hat, in denen sich heutiges Menschenleben abspielt. Je mehr sich die Menschen in segmentierte Teilräume verlieren, je mehr sie in kleinen Gruppen einen eigenen Lebensstil aufbauen, um so mehr muß die Seelsorge sie bis in diese Räume hinein begleiten. Darum sagt Bischof Hemmerle im Kommentar zu dieser Ordnung, besser als der (aufgrund seiner zölibatären Lebensform) aus den unmittelbaren sozialen Bezügen des Berufs, der Familie herausgenommene Priester könne der Laie die Situationen, in denen alle Gemeindemitglieder stehen, vom Evangelium her verdeutlichen, könne er „in derselben Position und Situation wie die anderen – und nicht aus der Position des Gegenübers, des Amtes – diesen helfen, ihr Leben in der Welt und in der Kirche aus dem Evangelium zu gestalten"[2]. Darum sollen hauptberufliche Laien im pastoralen Dienst „nicht unspezifisch auf das gesamte Gemeindeleben hin eingesetzt werden. Ihre Aufgabe ist es gerade, den Glauben und die Lebenssituationen in der Welt miteinander wechselseitig in Beziehung zu setzen"[3]. So sollen sie Garanten dafür sein, daß die Fragen der Erfahrung der Menschen in das Leben der Gemeinde Eingang finden. Genau darin besteht ihr Beitrag zum Aufbau der Gemeinde.

Unbeschadet mancher Einwände[4] ist die „Ordnung der pastoralen Dienste" vom Jahr 1977 insofern ein Meilenstein auf dem Weg der deutschen Kirche in die Zukunft, als hier bei allem Bedürfnis, Priester und Laien gegeneinander abzugrenzen, erstmals beider berufliches Wirken unter einer Klammer, unter einem Dachbegriff zusammengefaßt wird, nämlich unter dem Begriff „pastorale Dienste". Inzwischen sind wir, Volk Gottes unterwegs, schon einige Jahre in der Richtung dieses Wegweisers weitermarschiert, haben viele Laien hauptverantwortlich in die Seelsorge einbezogen, haben das Echo der Gemeinden beobachten können, das Echo der Kranken, auf deren Station eine Frau als zuständige Seelsorgerin auftaucht. Wir wissen aus den Gesprächen mit den Laien im pastoralen Dienst, wie ihnen in der neuen Rolle zumute ist. Da mag es den einen oder anderen geben, dem über Nacht lautlos ein Klerikerkragen den Hals hochwächst; aber die größere Zahl der Laien im pastoralen Dienst hat doch eher das Problem, mit den Erwartungen fertig zu werden, die ihnen entgegengebracht werden. Sie haben ihre Not, in dem Sinn Laien zu bleiben, wie es das Bischofspapier vorsieht. Diese Erfahrungen zwingen uns neu vor die Grundsatzfrage: Sind diese Laien Seelsorger? Was macht das Wesen des Seelsorgers aus? Ist es ein „Heilsdienst" im Unterschied zum „Weltdienst"? Aber wie soll man das auseinanderhalten? Was bedeutet diese Unterscheidung für den Berufsschüler, der mit Suizidgedanken umgeht? Was bedeutet diese Unterscheidung für den Leukämiekranken, der am Tropf hängt und seine letzten Wochen verrinnen sieht? Wird es für ihn nicht eigentümlich irrelevant, ob ein Priester oder ein Pastoralassistent, ein Mann oder eine Frau sich an sein Bett setzt, wenn nur überhaupt noch einer kommt, der ihn auf dem schweren Gang durch das Tal des Todes begleitet?

Von der Frage, was die verschiedenen pastoralen Dienste inhaltlich zusammenbindet, bleibt nun die Ordnung aus dem Jahr 1977 eigentümlich blaß. Es gehe darum, wird in der Präambel gesagt, aktiv die Sendung Christi und der Kirche weiterzutragen[5].

Aber was das in unserer heutigen Welt bedeutet, wird eher als bekannt vorausgesetzt. Es wird gesagt, es müsse in den Gemeinden nicht nur viele einzelne Gruppen geben, sondern solche, die diese einzelnen Gruppen in ihrem Zeugnis als Christen begleiten, pastoraler Dienst sei „Dienst an den Diensten"[6]. Aber was heißt das: Dienst an den Diensten? Das Papier kommt an dieser Stelle vermutlich deshalb über eine gewisse Wiederholung traditioneller Formeln nicht hinaus, weil im Jahr 1977 die Aufgabe vor allem darin bestand, innerkirchlich die verschiedenen Aufgaben gegeneinander abzugrenzen. In dieser Situation haben sich die Bischöfe zu wenig Rechenschaft darüber gegeben, in welche Gesellschaft hinein sie die unterschiedlichen pastoralen Dienste schicken. Von dieser Gesellschaft wird im Grunde nur wahrgenommen, daß sie differenzierter, unübersichtlicher geworden ist. Es wird aber nicht genug herausgearbeitet, daß es sich um eine zunehmend säkularisierte Gesellschaft handelt, die zur Lösung ihrer wichtigsten Probleme des Glaubens und der Religion nicht mehr bedarf, weil sie sich im „Grundgesetz" auf die wichtigsten Grundwerte einigen konnte, die das friedliche Zusammenleben sichern. Es ist eine Gesellschaft, die die Religion eigentlich nur noch zur Bewältigung der privaten Grenzerfahrungen des einzelnen braucht, nicht mehr zur Lösung der gemeinsamen gesellschaftlichen Probleme.

Zu wenig ist auch von der Problematik der Religion als Beruf in unserer modernen Gesellschaft die Rede; zu wenig von den Identitätskrisen dessen, der den Eindruck hat, daß in dieser Gesellschaft Glaube und christliche Überlieferung nur so weit Gehör finden, als sie die Produktion und Verteilung der Güter nicht behindern, sondern allenfalls den Produktionslärm etwas abdämpfen. Wenn aber tatsächlich der Sinn von Glaube und Christsein in dieser Gesellschaft fast nicht mehr plausibel zu machen ist, darf eine Theologie des Amtes nicht überwiegend um eine saubere Abgrenzung zwischen Priestern und Laien besorgt sein. Eine angemessene Theologie des Amtes wird erst wieder möglich, wenn es uns gelingt, zu verdeutlichen, was in einer säkularisierten Gesellschaft christliches Leben ist. Nur wenn wieder klar wird, was der elementare Dienst ist, zu dem jeder Christ in der Nachfolge Jesu berufen ist, kann deutlich gemacht werden, was Seelsorge als „Dienst an den Diensten" sein könnte, was Priester und Laien, die diesen „Dienst an den Diensten" vollbringen, als Seelsorger verbindet.

2. Jesu Umgangsstil als Maßstab kirchlicher Praxis (Lk 19, 1–12)

Es gibt einen verhältnismäßig einfachen Weg, den Auftrag der Kirche inhaltlich genauer zu bestimmen. Weil sie in ihrer Praxis Jesu Sendung weiterführen will, sollten wir Jesu Praxis anschauen, um aus ihr unmittelbar abzulesen, was seine Sendung war. Das kann natürlich nur exemplarisch geschehen, ist aber fruchtbarer als der übliche Weg, die Sendung Jesu inhaltlich durch Dachkategorien wie „Prophetenamt", „Priesteramt",

„Hirtenamt" zu bestimmen; denn das sind bereits Interpretationen dessen, was Jesus lebte und tat, und damit auch Überfremdungen seiner Sendung und seines Auftrags durch Begriffe, die immer auch anderes meinen, als was er war und sein wollte.

Wir könnten nun verschiedene Situationen aus dem Leben Jesu aufgreifen: Die Begegnung mit dem Mann mit der verdorrten Hand, die Begegnung mit der Frau, die ihm die Füße salbt im Hause des Pharisäers Simon, das Gespräch mit der Ehebrecherin. Ich wähle die Begegnung mit Zachäus (Lk 19, 1–12), und ich versuche sie daraufhin zu befragen: Was tut hier der eine mit dem andern, was entsteht dadurch und wie verändern sich beide?[7]

Da ist der Oberzöllner Zachäus, und der sitzt auf einem Baum, und man fragt sich, wie kommt der Zachäus auf den Baum? Die Schrift antwortet, weil er Jesus sehen wollte, obwohl er klein war. Das ist nachfühlbar. Immer nur zwischen anderer Leute Beine durchgucken, macht auf die Dauer keinen Spaß. Aber warum hat er sich in Jericho nicht auf einen Balkon gestellt oder auf den Dachgarten eines guten Freundes, wie weiland der alte David, als er der Betsabee beim Baden zuschaute? Hat er keine solchen Freunde in Jericho gehabt, weil er Oberzöllner war? Und warum ist er dann Zöllner geworden, warum hat er sich dann in den Dienst der Besatzungsmacht begeben und seine Volksgenossen betrogen? Warum hat er unter den Zöllnern Karriere gemacht, so daß er „sehr reich" werden konnte, wie die Schrift sagt? Hängt das auch damit zusammen, daß er so klein war, so unansehnlich, daß er das Amt des Oberzöllners ergattern mußte? Dann würde sich erklären, warum er auf die Idee verfiel, einen Maulbeerfeigenbaum zu erklettern, denn dann könnte er auch ein wenig nach der Devise gehandelt haben: Sehen, ohne gesehen zu werden! Dann hat er sich in diesem Baum auch ein wenig versteckt! Vor der Volksmenge, die ihn nicht besonders gut leiden konnte; aber vielleicht auch vor Jesus, so wie sich Adam im Paradies nach dem Sündenfall vor dem Blick Gottes versteckt hat. Und das, obwohl er, wie die Schrift sagt, Jesus sehen wollte. Ich stelle mir diesen Zachäus im Baum als einen einsamen Menschen vor.

Und nun zu der zweiten Gestalt, zu Jesus: Auch von ihm weiß die Schrift zu erzählen, was er wollte. Er „ging durch die Stadt", er wollte sich nicht in Jericho aufhalten, denn nach dem Bericht des Lukas ist er unterwegs nach Jerusalem, und unmittelbar vorher sagt er seinen Jüngern, daß er dort ausgeliefert werden und deshalb aufbrechen müsse. Unmittelbar im Anschluß an die Zachäusgeschichte wird uns ja erzählt, wie er in Jerusalem einreitet.

Es bestehen also sehr geringe Chancen, daß diese beiden Menschen zueinander in Beziehung treten. Der eine versteckt sich, und der andere hat es eilig. Aber dann, unter dem Baum angekommen, berichtet die Schrift, „schaute er auf und sagte: Zachäus, komm schnell herunter, ich muß heute bei dir einkehren." Wieso denn das? Muß er nicht nach Jerusalem, um dort sein Todesschicksal zu erleiden? Gibt es für ihn noch ein anderes, zwingenderes „Muß" als das des göttlichen Willens? Was mag sich in dem Augenblick abgespielt haben, als Jesus dorthin kam, wo Zachäus sich versteckt hatte? Die Schrift sagt nur: „Er schaute auf" – wie ein Kleiner zu dem Großen, wie ein Bittsteller. Und dann kommt einfach der Satz: Hast du ein Bett für mich? Kann ich in deinem Haus bleiben? Den Rest kann man nicht so schnell erzählen, wie es passiert ist:

Zachäus gleitet vom Baum, kämpft sich durch die Menge in sein Haus zurück. Die Schrift sagt: „Er nahm ihn mit Freuden bei sich auf." Warum hat er jetzt auf einmal keine Probleme mehr mit der Volksmenge, die ihn nicht leiden kann? Wie kann er plötzlich vor Jesus hintreten und sagen: „Herr, die Hälfte meines Vermögens gebe ich den Armen, und wenn ich von jemanden zuviel gefordert habe, erstatte ich es ihm vierfach zurück"? Woher diese wunderbare Freiheit des Zachäus, diese Möglichkeit, sich von jahrelanger Raffgier zu distanzieren?

Fraglos haben wir es in dieser Begegnungsszene mit einem für Jesus sehr typischen Vorgang zu tun. Es ist keine Heilungsgeschichte erzählt, nichts Ungewöhnliches, und trotzdem ist es eine „Wundererzählung". Was passiert? Unsere landläufigen theologischen Unterscheidungen versagen eigentümlich. War das nun Weltdienst, oder war das Heilsdienst, was Jesus getan hat? Hat er hier als der oberste Hirte, Priester oder Lehrer um ein Bett gefragt? Ist es der göttlichen oder der menschlichen Natur in Jesus zu danken, daß am Schluß alle fröhlich sind und Jesus konstatieren kann: Heute ist diesem Hause Heil widerfahren!? Woher kommt die Wandlung, die sich im Herzen des Zachäus vollzogen hat? Was hat Jesus gemacht? Denn er hat doch offensichtlich diese Wandlung ausgelöst! Nach der Schrift ist dies alles die Wirkung eines einzigen Augenblicks, des Augen-Blicks, in dem Jesus diesen Zachäus ansah, ihm sein Ansehen zurückgab, seine Würde, seine Selbstachtung. Von diesem Augenblick an konnte Zachäus sich ändern.

Diesen bemerkenswerten Vorgang, über den ich noch in keinem dogmatischen Traktat einen Satz gefunden habe, vermag die Sozialpsychologie, scheint mir, ein ganzes Stück weit zu erschließen, wenn sie sagt: Mensch wird ein Mensch erst im Umgang mit anderen. Subjekt, frei, selbstbewußt wird er erst, wo er liebend, ermutigend angeschaut wird. Ein Kind wird das, was man es heißt. Der Organismus, als der wir geboren werden, entwickelt sich erst in unendlich vielen Begegnungssituationen zu dem, was wir am Schluß ein „Subjekt" nennen, ein mit sich selbst und seiner Welt umgehendes Wesen; einen Menschen, der um sich und seinen Wert weiß, weil er diesen Selbstwert aus der Zuwendung ablesen konnte, die er erhalten hat, aus den Reaktionen der Umwelt, in der er aufgewachsen ist, von der er akzeptiert wurde, so daß er jetzt sich auch selber akzeptieren kann. Ja, er kann sich nun sogar loslassen, sich selber verschenken.

Allerdings ist nicht jede Art von Umgang zwischen Menschen der Menschwerdung des Menschen förderlich. Es gibt Umgangsformen, die die Identität des Menschen zerstören: in Kinderzimmern, in Schulen, in Schlafzimmern, in Gefängnissen, in Folterkammern. Identitätsfördernd, stärkend ist nur ein Umgang, in dem beide Partner sich wechselseitig respektieren, sich wechselseitig bedingungslos akzeptieren. Das aber ist eine Voraussetzung, die in unserer menschlichen Gesellschaft nie und nirgends von Natur aus gegeben ist, die immer erst gegen die Übermacht bestehender Ordnungen, bestehender Machtverhältnisse und Interessen freigekämpft werden muß[8].

Dies genau tut Jesus in der Begegnung mit dem Zachäus, und zwar gegen den Druck der Gesellschaft von Jericho. Im Unterschied zur übrigen Menge in Jericho akzeptiert er den Zachäus als das, was er trotz seiner Gaunereien immer noch ist: Zwar ein Kollaborateur, ein Nichtsnutz, einer, der die andern ausbeutet – aber immer noch ein Sohn Abrahams, immer noch einer, der unter der Verheißung Gottes steht. Jesus macht also den Zachäus auf die Möglichkeiten aufmerksam, die auch Zachäus von Gott her noch hat. Und damit setzt er ihn frei, sich von sich selber zu distanzieren, umzukehren, ein neuer Mensch zu werden; jemand, der sich selber achten und deshalb über sich verfügen und deshalb umkehren kann und deshalb, statt andere auszurauben, andere beschenken kann.

Was also ist für Jesu Umgangsstil mit den Menschen bezeichnend? Bezeichnend ist, daß er den Menschen, denen er sich zuwendet, Gott als jene Wirklichkeit vermittelt, die diese Menschen zu sich selber bringt, zu ihren eigentlichen Möglichkeiten, so daß sie es nicht mehr nötig haben, mit Hilfe der anderen groß zu werden. Er ist der, der ihnen Gott bringt und damit die Möglichkeit, selber Gottes Ebenbild zu werden, d.h. den anderen gut sein können, wie Gott ihnen gut ist.

Woher hat Jesus die wunderbare Macht, dem Zachäus wieder „Hoffnung und Zukunft zu geben" (Jer 29,32)? Warum kann er der Ehebrecherin, die da ertappt ist, sagen: „Hat dich niemand verurteilt, so will auch ich dich nicht verurteilen; geh jetzt und sündige nicht mehr" (Joh 8,11)? Wieso kann er dem Mann mit der verdorrten Hand sagen: „Stell dich in die Mitte!" (Mk 3,3)? „Denn der Sabbat ist für die Menschen da, nicht der Mensch für den Sabbat" (Mk 2,27)? Wenn wir solche Fragen stellen, wird hinter Jesus das Geheimnis sichtbar, daß er selber ganz von Gott angenommen, als Gottes geliebter Sohn bejaht ist und aus dieser Liebe des Vaters die Freiheit gewinnt, nun selbst andere freizugeben; sie spüren zu lassen, daß auch sie trotz aller Grenzen, die sie haben, von Gott geliebt sind.

Vor dem Hintergrund der vielfältigen Erfahrung von Entfremdung und menschlichem Elend, die wir in unserer Gesellschaft machen, wird damit eine inhaltliche Bestimmung dessen möglich, was Sendung und Auftrag Jesu ist. Mit Wolfhart Pannenberg und Johann Baptist Metz gesprochen[9]: er soll unter Gottes Augen Subjekt werden können, seine eigentliche Berufung entdecken; er soll unter Gottes Augen Mensch werden dürfen; er soll zu der Freiheit der Kinder Gottes erwachen, die Gott ihm zugedacht hat. Damit läßt sich nun auch klären, was das Ziel von Seelsorge ist.

3. Was ist Seelsorge?

Hat Jesus dem Zachäus gegenüber Seelsorge geübt, oder hat er nur praktische Nächstenliebe geübt? Die Frage ist unglaublich simpel und trotzdem nicht leicht zu beantworten. Sie macht aber sichtbar, wie töricht es ist, zwischen verschiedenen seelsorglichen Rollen Abgrenzungsversuche zu machen, ohne zurückzugehen auf das Grundphänomen, auf das, was christliches Handeln ist. Seelsorgliches Handeln kann in seinem Kern nicht über das hinauskommen, was christliches Handeln ist, weil im christlichen Umgang miteinander schon das ganze Mysterium der befreienden Gegenwart Gottes aufleuchtet.

Seelsorgliches Handeln, was immer es ist, ist nicht *mehr* als christliches Handeln, sondern steht im Dienste christlichen Handelns. Versuchen wir also getrennt zu formulieren: Was ist christliches Handeln? Was ist auf diesem Hintergrund seelsorgliches und was ist priesterliches Handeln in der Seelsorge (amtliches Handeln im Unterschied zum Laien)?

1) Jesus war der erste Christ, was immer er sonst noch gewesen sein mag. *Christliches Handeln* ist dadurch gekennzeichnet, daß es, so wie Jesus das hier tut, Gott zugunsten des anderen in Anspruch nimmt, und zwar nicht theoretisch, sondern praktisch. Jesus zeigt in Jericho nicht mit dem Finger in den Baum und erklärt den Leuten: „Wie groß ist Gott! Selbst diesen Gauner liebt er noch." Das hieße über Gott theoretisieren; das hieße die Not eines Menschen, der schuldig geworden ist, mißbrauchen, um an ihm zu demonstrieren, was für einen guten Gott wir haben. Jesus sagt nicht einmal zum Zachäus: „Gott hat dich lieb!" In der ganzen Geschichte ist von Gott nicht die Rede. Er sagt: „Ich brauche ein Bett! Kann ich bei dir schlafen?" Zum großen Verdruß der Frommen kehrt Jesus bei Zachäus ein und macht ihm so durch sein Verhalten glaubhaft, daß Gott ihm wohl will. Er nimmt durch seine Praxis Gott für den Zachäus in Anspruch. Das ist christliches Handeln. Gott dem anderen zusprechen, obwohl alles dagegen spricht[10].

Ich habe diese Geschichte einmal in einem Priesterkurs meditiert. Unter den Teilnehmern war ein Kaplan, der wäre von seiner äußeren Aufmachung her weder im Hause des Zachäus noch in einer Frankfurter Disco aufgefallen. Er sprach auch am Anfang gar nicht viel; aber als wir diese Geschichte durchmeditiert hatten, sagte er: „Ich habe neulich einen Vers gelesen, der hieß so: ‚Du hast mehr Möglichkeiten, als du ahnst, ganz zu schweigen von den ungeahnten Möglichkeiten Gottes mit dir.' Der Vers hat mich nicht mehr in Ruhe gelassen; ich hab' ihn ein, zwei Tage meditiert, und dann passierte es mir, daß ich über die Straße ging, und in die Gesichter der Leute hinein mußte ich denken: Du hast mehr Möglichkeiten, als du ahnst, ganz zu schweigen von den ungeahnten Möglichkeiten Gottes mit dir! Da habe ich begriffen, wozu ich auf der Welt bin, wozu ich als Christ und als Priester berufen bin. Ich habe gespürt, wie mir dieses Wort Luft machte; ich konnte in ganz anderer Weise auf die Menschen zugehen, weil ich ihnen Dinge zutraute, an die sie selber nicht zu denken wagten: Möglichkeiten, die sie selber nicht sahen, die aber Gott mit ihnen hat."

Das ist christliches Handeln, und wo immer das geschieht – wo Menschen sich gegenseitig so anschauen –, wird in der Kraft des Geistes Jesu die zertretene Schöpfung aufgerichtet, da bricht Gottes Herrschaft unter uns an. Überall, wo in dieser Weise bedingungslos der andere akzeptiert wird, wird Gottes Herrlichkeit offenbar, geht Jesu Sendung weiter, wird er im Heiligen Geist gegenwärtig. Das ist christliches Handeln, etwas Größeres gibt es nicht.

Nüchtern beschrieben ist christliches Handeln das, was Christen als Privatleute, als Laien, als Nichtamtsträger aufgrund ihrer persönlichen Lebensentscheidung tun, nämlich:
– einander in Liebe die Wahrheit sagen
– eigene Behinderungen tapfer ertragen
– einander vergeben
– im Gebet sich Gott anvertrauen usw.

Es ist für Theologen besonders wichtig, sich klarzumachen, daß Jesu Handeln in diesem Sinne christliches Handeln, d. h. Handeln eines Individuums war, hinter dem keinerlei andere Autorität mehr stand. Jesus war bekanntlich Laie, und er hat gegen den Anspruch der etablierten israelischen Religion gewagt, zu sagen: „Mose hat euch gesagt, ich aber sage euch" (Mt 5,21). Daß er sich dabei auf Gott beruft, hat die Gegenseite überhaupt nicht beeindruckt; das hat sie nur als Frevel interpretieren können, weil sie überzeugt war, daß Gott auf ihrer Seite stehe, weil sie ja Repräsentant Gottes zu sein beanspruchte. Christliches Handeln ist ein durch keine Autorität gedecktes Handeln, ein Handeln, das aus der Gewissensverantwortung dessen kommt, der nur mehr Gott hinter sich hat, und das kann sehr wenig sein, wenn man es mit religiösen Institutionen zu tun hat.

Solcher Glaube und solche Liebe als bedingungslose Anerkennung des anderen ist das Höchste, was den Menschen möglich ist. Dazu hat Jesus gelebt, dazu ist er gestorben, dazu gibt es Sakramente, dazu gibt es Kirche als ein Milieu, in dem solches Leben gefördert wird, in dem man einig ist, darauf zuzugehen.

2) Was ist (vor diesem Hintergrund) *kirchliches Handeln?* – Wir haben einen Sprachgebrauch, der so tut, als sei auch die Kirche ein Subjekt, ein Mensch. Wir sprechen davon, daß die Kirche heute das Fest Mariä Geburt feiert, daß die Kirche verfolgt wird, daß die Kirche leidet. Das ist, genau genommen, eine bildliche Sprechweise. Nicht die Kirche glaubt, sondern Christen glauben, nicht die Kirche leidet, sondern Christen leiden. Nicht die Kirche wird selig oder geht verloren, sondern die Christen. Genau genommen kommt der Würdenamen des Subjekts nur dem Menschen zu, nicht der Kirche. Die Kirche ist eine Gemeinschaft der Glaubenden, aber Gottes Ebenbild ist nur der Mensch, nicht die Kirche.

Glauben, hoffen, leiden, Gott schauen, verlorengehen oder das Heil finden können nur Menschen, die sich glaubend auf Gott einlassen. Aber wo solche Menschen im Vertrauen auf Gott miteinander umgehen, entsteht ein Milieu, in dem das, was Gott da wirkt –

Freiheit und Liebe und Vergebung – nicht mehr nur ein Einzelfall sind, sondern die von allen geglaubte Möglichkeit. Dann entsteht ein neues Milieu, in dem wenigstens prinzipiell solcher Umgang miteinander zur Leitlinie von Umgang überhaupt wird, wo deshalb diese Art des Umgangs miteinander in Erinnerung gerufen, in der Lebenspraxis eingeübt, in der Sakramentenspendung gefeiert und von einer Generation auf die andere überliefert wird.

In diesen Zusammenhang gehört das priesterliche Handeln. Es ist amtliches Handeln in der Gemeinde, das den Glauben, die Hoffnung, die Liebe der einzelnen in einer Verbindlichkeit repräsentiert, die sie aus aller Zweideutigkeit herausnimmt.

Diese institutionelle Sicherung des Rückbezugs auf Jesus durch die Schrift, durch die Sakramente, durch das Amt in der Kirche, entpflichtet aber nicht, sondern verpflichtet gerade kirchliches Handeln, christliches Handeln zu bleiben. Es gerät als kirchliches Handeln gewissermaßen in Selbstwiderspruch, wenn es den Namen „christlich" im Munde führt, aber in der Praxis nichts mehr von der herrlichen Freiheit der Kinder Gottes aufleuchten läßt, die in Jesus war. Kirchliches Handeln („in nomine ecclesiae"), wie es dem Amt zukommt, ist also um des christlichen Handelns willen da, will es stützen, sichern, eindeutig halten.

Die Kanzel ist nicht der einzige Ort, an dem Glaube geweckt oder weitergegeben wird, aber der Ort, an dem die Weitergabe des Glaubens, die in den Familien, unterhalb der Kanzel, geschieht, wieder auf Kurs kommt und sich orientieren kann. Die Beichte ist nicht der einzige Ort, an dem Umkehr gewagt und Vergebung geschenkt wird, aber der Ort, an dem sich diese vielfältige und nicht sichtbare Bußpraxis einer Gemeinde sakramental verdichtet. Die Eucharistie ist nicht der einzige Ort, an dem uns Gott beschenkt, aber der Ort, an dem der Dank der Vielen sichtbar wird und in Erscheinung tritt. In diesem Sinn ist kirchliches Handeln an das christliche zurückgebunden und priesterlicher Dienst in der Kirche Repräsentation, Verdichtung dessen, was alle Glaubenden tun.

3) Was ist nun *seelsorgliches Handeln?* – Seelsorgliches Handeln als „Dienst an den Diensten" bekommt einen sehr konkreten Sinn, wenn wir es gewissermaßen zwischen dem christlichen und dem kirchlich-amtlichen einordnen.

Seelsorglich handelt, wer seine Mitchristen bei ihrem Versuch, Jesu Umgangsstil zu wagen, ermutigt. Solche Seelsorge ist nötig, weil Jesu Lebensstil riskant ist, weil ich dabei den kürzeren ziehen kann, so wie Jesus bei seiner bedingungslosen Zuwendung zu den Menschen den kürzeren gezogen hat. Seelsorge ist die Begleitung der Mitchristen auf dem riskanten Weg, auf die Menschen zuzugehen, in Gottes Namen an sie zu glauben, sie im Vertrauen auf Gott zu lieben, obwohl sie nicht liebenswürdig sind. Seelsorge ist, was Jesus dem Petrus aufträgt: „Du stärke deine Brüder" (Lk 22,32). Seelsorge ist Begleitung von einzelnen und Gruppen im mühsamen Übergang von heute nach morgen, ist ein Dienst der Ermutigung, ein Dienst an dem Zeugnis des Glaubens und der Liebe, den alle geben.

Selbstverständlich kann das Amt in der Kirche nicht anders gedacht werden denn als ein seelsorgliches Amt, als ein Dienst der Ermutigung. Wenn überhaupt dieses Amt Jesus repräsentieren soll, muß es ihn in diese seiner helfenden, ermutigenden, bestärkenden, tröstenden Praxis repräsentieren. Denn er lebte unter uns wie einer, der dient (Lk 22, 27). Aber es ist ebenso unvorstellbar, diesen Dienst der Ermutigung und Stärkung dem Amt allein vorzubehalten und nicht zu sehen, daß diese Gabe der Bestärkung, der Ermutigung eine Gabe des Geistes ist, die er jedem zuteilt, wie er will.

Deshalb ist es keine uneigentliche Redeweise, wenn wir in der Kirche die Eltern als die ersten Seelsorger ihrer Kinder bezeichnen. Das ist kein metaphorischer Sprachgebrauch. Sie sind die ersten Seelsorger ihrer Kinder, und ohne ihre Seelsorge sind Katecheten und Priester immer zu spät dran. Darum sollten wir ihnen aber auch den Würdenamen des Seelsorgers nicht verweigern. Telefonseelsorge z. B. wird nicht dadurch zur Seelsorge, daß dort ein Priester sitzt, sondern daß hier die Perspektive der Hoffnung eröffnet wird, die wir von Jesus her haben. Dann ist sie mehr als psychologische Lebensberatung, wenn sie von den ungeahnten Möglichkeiten dessen spricht, der hier Rat sucht, von Möglichkeiten, die er selbst nicht sehen kann, die er aber gleichwohl von Gott her hat. Und Telefonseelsorge ist keine Seelsorge mehr, wenn sie diese Hoffnungsperspektive nicht eröffnet, selbst wenn es ein Priester ist, der auf der anderen Seite an der Strippe sitzt.

Es scheint an der Zeit, gegen neuere klerikalistische Tendenzen, den Seelsorgertitel den Priestern vorzubehalten[11], auf die enorme Bedeutung der Seelsorge im (Laien-)Mönchtum der alten Kirche[12] und im Mittelalter hinzuweisen. So ist etwa die Begleitung der Sterbenden noch bis ins 17. Jahrhundert ganz selbstverständlich Laiensache[13].

Ignatius von Loyola, obwohl bei seiner Bekehrung schon 30 Jahre alt, hat sich bis zu seiner Priesterweihe 16 Jahre (!) Zeit gelassen und in dieser Zeit – als Laie –

unablässig Freunde durch die von ihm entwickelte geistliche Methode der Exerzitien geführt. Wer käme auf die Idee, ihm den Titel des Seelsorgers abzusprechen oder erst vom Tag der Priesterweihe an zuzugestehen?[14] Die Fähigkeit zur Seelsorge ist ein Charisma, eine freie Gabe des Geistes (Eph 4), die der Herr seiner Kirche schenkt und die in keiner Weise auf das Amt beschränkt ist, wiewohl man sich wünschen mag, alle Amtsträger wären Seelsorger. Das Amt hat eine strukturelle Bedeutung für die Kirche: es hat die Aufgabe, die einzelnen Gemeinden an den Ursprung zurückzubinden und untereinander in Verbindung zu halten. Es hat nicht die Charismen, die in der Gemeinde selber sind, zu ersetzen oder zu ersticken, sondern umgekehrt, diese Charismen herauszulocken und zu fördern, auch das Charisma seelsorglicher Begleitung. Vielleicht bedeutet es eine Orientierungshilfe, sich gewissermaßen drei konzentrische Kreise vorzustellen: als äußersten Kreis das christliche Handeln, das breiteste Wirken des Geistes, das er in dieser Welt möglich macht, wo immer Menschen von Jesu Praxis ermutigt werden, einander mit dem Vertrauen zu begegnen, mit dem er uns von Gott her begegnet ist. Den zweiten Kreis bildet das seelsorgliche Handeln, der Dienst der Ermutigung an denen, die wie Jesus zu leben wagen; der Dienst der Begleitung in den Krisen, in die man gerät, wenn man Jesus nachfolgt. Und schließlich im innersten Kreis die Verdichtung christlichen und seelsorglichen Handelns in dem institutionellen Handeln des kirchlichen Amtes, das institutionell und repräsentativ sichern soll, daß wir als Gemeinde Jesu auf dem Weg Jesu bleiben.

4. Für eine gemeinsame Spiritualität von Priestern und Laien in der Seelsorge

Wie könnten wir uns als Priester und Laien in unserer Seelsorgspraxis an der Zachäusgeschichte orientieren?[15]

1) Wir müssen damit ernst machen, daß das christliche Handeln das Urzeugnis ist, das wir zu geben haben. Ohne dieses christliche Handeln ist kirchliche Praxis, inklusive der Sakramente, nicht verstehbar. Und daraus ergibt sich als harte Konsequenz: Wir müssen die kirchliche Praxis verchristlichen.

Wir alle stehen in vielen Beziehungen, in persönlichen und öffentlichen Verpflichtungen, in informellen Kontakten und gottesdienstlichen Vollzügen. Das wichtigste ist, in allen diesen Rollen Christ, d. h. (wenn wir auf unsere Zachäusgeschichte blicken) in der Weise Jesu Anwalt des anderen zu sein. Wir sind berufen, ihm zu helfen, der zu sein, der er von Gott her sein darf und sein könnte, wenn er es nur selber sähe. Wir sind berufen, seine Menschwerdung zu fördern, seinen Weg in die herrliche Freiheit der Kinder Gottes, wie sie ihm von Gott her zugedacht ist. Wir sind bestellt, ihm beizustehen, seinen eigenen Glaubensweg, seine Identität, sein Gesicht zu finden: „Lieber Gott, ich will dich preisen mit dem Gesicht, das du mir gegeben hast!" (Theresia von Lisieux).

Die kirchliche Praxis zu verchristlichen – das scheint auf den ersten Blick zu wenig zu sein. Es klingt ja so, als ob vom Seelsorger eigentlich nicht mehr gefordert wäre als etwa von Eheleuten, die doch bemüht sein sollen, ihr Eheleben zu verchristlichen; oder von Krankenpflegern, Politikern oder Lehrern aus dem Geist Jesu Krankenpflege, Politik und Erziehung zu betreiben. Und dennoch scheint mir nicht überflüssig, darauf aufmerksam zu machen, daß dies die elementarste und auch legitimste Erwartung ist, die überhaupt Menschen an uns herantragen können: daß sie in uns einem Christen begegnen. Wenn sie statt dessen auf einen mit Kirchenkram überlasteten Bürokraten treffen, können sie nichts von dem „Glanz der Herrlichkeit des Herrn" entdecken, den wir berufen sind „mit unverhülltem Angesicht widerzuspiegeln... Denn Gott, der sprach: Aus Finsternis werde Licht!, er ist in unseren Herzen aufgeleuchtet, damit wir erleuchtet werden zur Erkenntnis des göttlichen Glanzes auf dem Antlitz Christi" (2 Kor 3, 18; 4, 6).

Darum ist es nicht zu wenig, unter den gegebenen gesellschaftlichen und kirchlichen Verhältnissen – Strukturen, in denen wir leben und die wir nicht über Nacht verändern können – christliche Praxis zu wagen: die Aufmerksamkeit Jesu für den andern und für das, was Gott mit ihm vorhat, jetzt und ganz konkret. In dem Maß, als sich Priester und Laien in der Seelsorge darauf konzentrieren, werden viele falsche Besorgnisse und Abgrenzungsbemühungen überflüssig.

2) Wir orientieren uns im Sinne unserer Erzählung an der Seelsorge Jesu, wenn wir mehr Mut haben, Seelsorge aus der Position der Ohnmacht heraus zu betreiben, d. h. die Situation der Ohnmacht akzeptieren, in die wir mehr und mehr in unserer Gesellschaft gedrängt werden[16]. Jesus in der Zachäusgeschichte ist ja Fremdling in Jericho, unterwegs, er hat keine Hausmacht im Rücken. Im Bild der Geschichte gesprochen: er steht unten, der andere sitzt oben; er ist Gast, Za-

chäus ist Herr im Haus. Je mehr sich unsere Gesellschaft säkularisiert, um so mehr müssen wir wieder in die Rolle hineinfinden, aus der heraus die Kirche über Jahrhunderte Seelsorge getrieben hat, nicht vom gesicherten eigenen Grund und Boden (der eigenen Kirche, des eigenen Pfarrhauses) aus, sondern als Fremdling, angewiesen auf die Gastfreundschaft der anderen. Gerade die Rollenunsicherheit, die die Laien im kirchlichen Dienst aufgrund der Unabgeklärtheit ihrer Rolle erleben, könnte für eine heutige Seelsorgs-Spiritualität fruchtbar werden. Weil ihr Berufsbild nicht so abgeklärt ist wie das der Priester, erleben sie härter, was es eigentlich heißt, einen Menschen daraufhin anzusprechen, was Gott mit ihm vorhat.

3) Eine Seelsorge, die sich an Jesus orientiert, muß bereit sein, sich im Prozeß der Seelsorge beschenken zu lassen. Jesus bittet den Zachäus um ein Bett. Ist es vermessen, im Anschluß an diese Geschichte zu fragen, wie Jesus im Bett des Zachäus wohl geschlafen hat?

Die Frage ist geeignet, uns an einen zentralen Punkt zu führen: Was ist Seelsorge für mich? Entweder war es nur ein pastoraler Trick Jesu, den Zachäus nach einem Bett zu fragen, oder Jesus ist in der Begegnung mit der Bedürftigkeit dieses Zachäus ein Stück der eigenen Bedürftigkeit bewußt geworden, und er hat diese eigene Bedürftigkeit zugelassen – und darüber ist dem Zachäus aufgegangen, daß auch er etwas zu schenken hat! „Geben ist seliger als nehmen" (Apg 20,35). Das gilt wirklich. Wenn wir deshalb in der Seelsorge den anderen in seinem Versuch, Christ zu sein, ermutigen wollen, so lassen wir ihn spüren, daß auch er uns etwas zu geben hat! Wir können einen anderen Menschen nicht mehr ermutigen, als indem wir ihn aufrichtig spüren lassen, daß er uns etwas zu schenken vermag[17].

Aus der Zeit, in der Johannes XXIII. noch Patriarch von Venedig war, berichtet sein Sekretär, Johannes habe eines Tages einen Hinweis erhalten, einer seiner Priester sei Alkoholiker. Daraufhin habe Johannes ihm erklärt: „Da müssen wir hin." Vor dem Pfarrhaus angekommen, habe man die beiden an das nächste Gasthaus verwiesen, und Johannes habe seinen Sekretär hineingeschickt, den Priester zu holen. Der Sekretär sei zurückgekommen mit der Auskunft: „Sein Hut hängt da, aber er ist nicht zu sehen." Darauf Johannes: „Wenn der Hut da ist, ist auch der Mann da." Tatsächlich kommt dann der Sekretär einige Minuten später mit dem Priester aus dem Haus. Johannes fährt mit ihm wortlos ins Palais. Dort bietet er ihm einen Stuhl an: „Setz dich. Ich möchte nämlich bei dir beichten."

Ich kann mir nicht vorstellen, daß das bei Johannes XXIII. ein pastoraler Trick war. Ich kann mir sehr gut vorstellen, daß ihm in den Minuten des Schweigens unterwegs am Elend dieses Menschen aufgegangen ist, was sein eigenes Elend war, und daß er diesen Menschen angesprochen hat auf das hin, was er auch als Alkoholiker-Priester noch zu geben hatte: die Lossprechung. Erst der Zachäus, der sein Bett und sein Haus geben darf, wird fähig, die Hälfte seines Vermögens an die Armen zu geben und vierfach zu erstatten, was er an Unrecht getan hat.

In der Nachfolge Jesu Seelsorge wagen heißt den Mut aufbringen, sich dem anzuvertrauen, zu dem wir gesandt sind, von dem zu lernen, den wir zu lehren haben. Auch Gestrauchelte, auch „Fernstehende", auch Geschiedene haben uns etwas zu geben! In dem Maß, in dem Priester Seite an Seite mit Laien Seelsorge üben

– auch gerade mit Frauen, die sensibler sind für die eigenen Bedürfnisse – werden sie auch aufmerksamer für das werden, was sie selber benötigen. Vielleicht lernen gerade darüber die Priester, weniger Raubbau mit sich selber zu treiben, weniger rücksichtslos mit sich selber umzugehen, mehr das Geschöpf Gottes in sich zu achten.

Die Zeit, die Laien für sich persönlich fordern, ist zunächst eine Störung des Pfarrbetriebs. Weil sie es mit Rücksicht auf die Familie fordern, gestehen die Priester es ihnen auch irgendwo zu, aber sich selber noch lange nicht. Es ist jedoch eine Anfrage an jeden Seelsorger, ob er das Geschöpf Gottes in sich achtet. Wenn wir uns selbst nicht gut sein können, wie wollen wir dann anderen gut sein? Wenn der andere spürt, daß wir uns selber nicht gut sein können, hat er recht, daß er sich uns nicht anvertraut. Jesus, schlafend im Bett des Zachäus – wie im Kahn auf stürmischer See –, offenbart den tragenden Grund aller Seelsorge.

Priester und Laien in der Seelsorge – das ist gewiß kein Programm, das wir uns mutwillig ausgesucht haben. Priester und Laien in der Seelsorge, das ist ein Exodus, ein Aufbruch aus vertrauten Strukturen, den Gott uns zumutet und der uns schwerfällt, der uns in vieler Hinsicht verunsichert und ängstlich macht. Aber es ist ein Weg, der unter der Verheißung Gottes steht, der uns gerufen hat, und deshalb sollten wir diesen Weg ohne Furcht weitergehen.

IV

Der Seelsorger –
ein verwundeter Arzt

1. Wer ist ein Seelsorger?

Manchmal weiß es der kleine Mann einfach besser. Während man in den Obergeschossen kirchlicher und theologischer Reflexion den Begriff Seelsorge in den letzten zwanzig Jahren zunehmend problematisierte und durch Begriffe wie „Heilssorge" oder „Heilsdienst" zu ersetzen bemüht war, hat er sich unten, im Parterre des kirchlichen und gesellschaftlichen Alltags einen unangefochten guten Klang bewahrt: Ein Seelsorger ist ein Mensch, der ansprechbar und einsatzbereit, verschwiegen und verläßlich, verantwortungsbewußt und aufrichtig ist. Er versteht etwas vom Leben und seinen Aporien, verschanzt sich nicht hinter Paragraphen, hat selber ein Gewissen und wagt, auch andere auf ihr Gewissen hin anzusprechen.

Alle diese Eigenschaften haben mit der „Persönlichkeit" des Seelsorgers zu tun, d.h., sie wurzeln in einer Dimension, die weder durch die sakramentale Weihe noch durch pastoralpsychologische Gesprächstechnik ersetzbar ist; sie ist vielmehr, wenn alles mit rechten Dingen zugeht, die Voraussetzung dafür, daß jemand ein Amt in der Kirche übernimmt, und gleichfalls dafür, daß er die Methoden seelsorglicher Gesprächsführung nicht zur Entmündigung der Hilfesuchenden mißbraucht. Alle diese Einzelzüge lassen auch erkennen, daß Seelsorge riskant ist, wenn sie den andern wirklich in jenem schwierigen Übergang von heute nach morgen begleiten will, aus dem unser Leben besteht, weil wir uns in den offenen Horizont einer unüberschaubaren Zukunft hinein zeitigen müssen. Weil jeder Mensch diesen Überschritt letztlich selber tun und deshalb auch alleine verantworten muß, darf wahre Seelsorge nicht als Betreuung oder gar als Bevormundung des andern begriffen werden, sondern nur als Begleitung, d. h. als der Versuch, an seiner Seite zu bleiben, wie Gott verheißen hat, an unserer Seite zu bleiben: „Ich werde da sein als der, der ich da sein werde" (Ex 3,7). Deshalb ist der Seelsorger als Person das erste „Zeichen" der Nähe Gottes, das erste Sakrament. Nicht von seiner Stola und nicht von seiner Gesprächstechnik, sondern von seiner Menschlichkeit und Reife wird darum, je mehr Menschen dem kirchlichen Leben fremd werden, abhängen, ob sie zu den einzelnen Sakramenten der Kirche wieder einen Zugang finden.

Von dieser Persönlichkeit soll hier die Rede sein – nicht nur von Qualifikationskatalogen und Ausbildungszielen. Denn alle wünschenswerten Teilqualifikationen taugen am Ende nur soviel, wie sie in das Ganze einer Biographie integriert werden. Von der Persönlichkeit des Seelsorgers reden heißt darum über die Bedeutung der Biographie, der Umwege, Krisen und Glückserfahrungen des Seelsorgers nachdenken.

Wenn wir dabei H. Nouwens Auslegung der talmudischen Messiaslegende vom verwundeten Arzt folgen[1], steht dies nicht im Widerspruch zu den gegenwärtigen Bemühungen um eine Profilierung des seelsorglichen Berufs[2], sondern macht nur sichtbar, wie sehr solche Bemühungen ihrerseits zur Rückfrage nach den Maßstäben der biblischen Überlieferung herausfordern.

2. Der verwundete Arzt – eine messianische Legende

Seelsorge als Begleitung des Mitmenschen im heiklen Übergang von heute nach morgen hat messianische Züge. Denn worum sonst könnte es ihr gehen, als darum, genau in der offenen Entscheidungssituation eines Menschen dem Kommen der Gottesherrschaft zu dienen, in der alle menschliche Befreiung und Erlösung wurzelt. Darum hilft alles, was die biblische Überlieferung vom Messias zu erzählen weiß, den seelsorglichen Dienst zu verstehen.

„Rabbi Josua Ben Levi trifft den Propheten Elija.
Er fragt den Elija: Wann kommt der Messias?
Elija: Geh hin und frage ihn selbst!
Josua: Wo finde ich ihn denn?
Elija: Er sitzt am Tor der Stadt!
Josua: Woran soll ich ihn erkennen?
Elija: Er sitzt unter den Armen, mit Wunden bedeckt. Die andern binden ihre Wunden alle zugleich auf und nachher verbinden sie sie wieder. Er aber bindet immer nur eine Wunde auf und verbindet sie anschließend sofort, denn er sagt sich: Vielleicht werde ich gebraucht! Ich muß immer bereit sein, damit ich keinen Augenblick Zeit verliere!"[3]

Die Wurzeln dieses Messiasbildes reichen tief in die alttestamentliche Tradition: Geläutert durch die Schrecken der Exilserfahrung, erwartet Israel den Messias nicht mehr unmittelbar aus dem Himmel, sondern aus dem kleinsten der Stämme Juda, von der

Tochter Zions in mühsamer Schwangerschaft ausgetragen (Mi 5, 2–4), als einen Mann der Schmerzen, mit der Krankheit vertraut (Jes 53, 3).

Wenn der Seelsorger das Werk des Messias Jesus besorgen will, kann auch er das nicht von den Wolken des Himmels oder von den Höhen kirchlicher und akademischer Würden herab tun, sondern muß am Stadttor, unter den Armen antreffbar sein, „Freude und Hoffnung, Trauer und Angst" mit ihnen teilen (Pastoralkonstitution). Wenn er jedoch ihr Leben teilt, trägt er auch die Wunden, die das Leben schlägt. Und er muß sich, wie sie, um seine Wunden kümmern.

Die eigenen Wunden ernst nehmen

Wer als Seelsorger glaubt, dazu habe er keine Zeit oder das könne er sich nicht leisten, täuscht sich. Das Anschauen der eigenen Verletzungen, die Konfrontation mit den eigenen Grenzen ist eine unersetzbare Voraussetzung für den seelsorglichen Dienst: „Daß ich den Bettler bewirte, daß ich dem Beleidiger vergebe, daß ich den Feind sogar liebe im Namen Christi, ist unzweifelhaft hohe Tugend. Was ich dem Geringsten meiner Brüder tue, habe ich Christo getan. Wenn ich nun aber entdecken sollte, daß der Geringste von allen, der Ärmste aller Bettler, der Frechste aller Beleidiger, ja der Feind selber in mir ist, daß ich selber des Almosens meiner Güte bedarf, daß ich mir selber der zu liebende Feind bin, was dann?

Dann dreht sich in der Regel die ganze christliche Wahrheit um, dann gibt es auf einmal keine Liebe und Geduld mehr, dann sagen wir zum Bruder in uns ‚Rakka', dann verurteilen wir uns und wüten gegen uns selbst. Nach außen verbergen wir es und leugnen es ab, diesem Geringsten von uns je begegnet zu sein. Und sollte Gott es selber sein, der in solch verächtlicher Gestalt an uns herantritt, so hätten wir ihn tausendmal verleugnet, noch ehe überhaupt ein Hahn gekräht hätte. Wer mit Hilfe der modernen Psychologie nicht nur hinter die Kulissen seiner Patienten, sondern vor allem hinter seine eigenen geblickt hat, und das muß jeder Therapeut, der nicht ein naiver Schwindler ist, getan haben, der muß gestehen, daß es das Allerschwierigste, ja das Unmöglichste ist, sich selber in seinem erbärmlichen So-sein anzunehmen. Schon der bloße Gedanke daran kann einen in Angstschweiß versetzen. Deshalb zieht man mit Vergnügen und ohne Zögern das Komplizierte vor, nämlich das Nichtwissen um sich selbst und die geschäftige Bekümmerung um andere, um deren Schwierigkeiten und Sünden. Dort winken sichtbare Tugenden, die die anderen und einen selbst wohltätig täuschen. Man ist, Gott sei Dank, sich selbst entlaufen."4

Aufmerksamkeit für die eigenen Verletzungen darf also nicht als Wehleidigkeit diffamiert werden; denn sie trennt nicht, sondern verbindet mich mit dem fremden Schmerz, weil sie mir den Fluchtweg in die Geschäftigkeit abschneidet. Sie zwingt mich vor die Entscheidung, die ich als redlicher Seelsorger niemandem ersparen darf: Flüchten oder Standhalten?5 Die Aufmerksamkeit für die eigenen Wunden stehen nicht im Gegensatz, sondern im Zusammenhang mit der Sorge um die Wunden der anderen. Darum bindet der Messias immer nur eine Wunde auf. Von der eigenen Wunde her nähert er sich den Wunden der anderen.

Wenn ich schwach bin, bin ich stark

Wie kann das aussehen? Wie kann sich der Seelsorger von der eigenen Leidenserfahrung her dem Leiden der anderen öffnen? Sicher nicht so, daß er, sooft ihm fremdes Leid begegnet, vom eigenen Leid zu erzählen beginnt: „Ich bin so deprimiert!" – „Ach, wissen Sie, ich hatte im vergangenen Frühjahr auch eine Depression!" Das hieße ja, die eigenen Wunden aufpacken, wenn der andere mir seine Wunden zeigt. Zu der fremden Trauermär füge ich die eigene hinzu, zum fremden Kleinglauben den eigenen Kleinglauben, und der Horizont wird immer enger. Von der eigenen Wunde her den fremden Schmerz anzugehen heißt gerade nicht oberflächlich aktuelle Kümmernisse und Probleme austauschen, sondern erfordert den beharrlichen Willen, wahrzunehmen und anzuerkennen, daß mein aktueller Schmerz, mein jetziges Leiden aus einer Tiefe emporsteigt, an der alle Menschen teilhaben: aus der Tiefe kreatürlicher Existenz, kreatürlicher Gebrechlichkeit und Gebrochenheit. Wenn ich den Mut habe, bei mir selbst in diese Tiefe hinabzusteigen, kann ich auch meinen Mitmenschen helfen, sich dieser Tiefe zu stellen und von unten her, von Grund auf, nach neuen Wegen zu suchen, mit der eigenen Not umzugehen.

Der Seelsorger hat nicht in erster Linie die Aufgabe, den Schmerz zu lindern. Er muß ihn vielmehr sogar vertiefen, bis in jene Tiefe, von der aus wirkliche Heilung beginnen kann. Einer Mutter, die den Tod ihres Kindes beklagt, ist nicht mit dem Hinweis gedient, daß sie ja noch zwei prächtige gesunde Kinder hat. Mit dem Verlust ihres Kindes wird sie nur fertig werden können, wenn sie sich durch dieses schreckliche Ereignis die Augen dafür öffnen läßt, daß der Tod jeden Augenblick in unser Leben hineinragt – als die eigentliche Realität unterhalb der Illusion der Unsterblichkeit, die unseren Alltag beherrscht[6]. In diesem Sinne ist Seelsorge ein außerordentlich anspruchsvoller Dienst, weil er den, der bereits leidet, mit den eigentlichen Abgründen konfrontiert, aus denen alles menschliche Leiden stammt.

Eben deshalb ist die Leidenserfahrung des Seelsorgers unverzichtbar. Er muß nicht alle Probleme selbst durchlitten haben, die an ihn herangetragen werden, aber an einer Stelle seines Lebens muß er selber mit den Grenzen menschlicher Existenz konfrontiert worden sein, und nur wenn er dort nicht geflüchtet ist, sondern standgehalten hat, wird ihn auch die Not des andern nicht in Panik versetzen. Wenn er die eigene Armut und Gebrochenheit nicht mehr fürchtet, wird er sich auch der fremden Verwirrung furchtlos zuwenden können, und so wird er mit seiner Person zu einem lebendigen Hoffnungszeichen. Die Furchtlosigkeit des Seelsorgers läßt die Panik weichen, die Angst beherrscht nicht mehr einfach das Feld, die Hoffnung beginnt sich zu regen.

Darum ist die eigene Schwäche des Seelsorgers kein Manko, sondern eine Qualifikation für die Seelsorge, deren Paulus sich rühmt (2 Kor 11,30) und für die er dankbar ist, weil sie ihm zu der Erfahrung verholfen hat: Wenn ich schwach bin, bin ich stark (2 Kor 12,10). Der Seelsorger darf der eigenen Armut nicht ausweichen, wenn er die paradoxe Erfahrung machen soll, daß solche Armut selig ist (Mt 5,3)[7]. Darum sieht Paulus in Abraham und Sara, den beiden nicht mehr zeugungsfähigen alten Menschen, das Urbild der Glaubenden, die die Erfahrung machen, daß sich Gott in unserer Schwachheit als der Starke erweist, „der die

Toten lebendig macht und das, was nicht ist, ins Dasein ruft" (Röm 4,17). „Darum rühmen wir uns der Trübsale, weil wir wissen, daß die Trübsal Geduld wirkt, die Geduld Bewährung, die Bewährung Hoffnung; die Hoffnung aber läßt nicht zuschanden werden, weil die Liebe Gottes ausgegossen ist in unsere Herzen durch den Heiligen Geist, der uns gegeben worden ist" (Röm 5,5).

Darum ist eine christliche Gemeinde ein heilendes Milieu[8] – nicht weil die Wunden alle versorgt und die Schmerzen abgeschafft wären, sondern weil in ihr alle Verletzungen und Schwächen zu Chancen eines neuen Wachstums und zu Türen werden, die neue Perspektiven auftun. „Da sind nicht viele Weise dieser Welt, nicht viele Mächtige und Vornehme, sondern was vor der Welt töricht ist, hat Gott erwählt, um die Weisen zu beschämen, und was vor der Welt schwach ist, hat Gott erwählt, um das Starke zunichte zu machen" (1 Kor 1,26 f). Weil wir den Durchgang durch die eigenen Schwächen um Gottes Willen niemandem ersparen dürfen, der uns aufsucht, deshalb sind die Brüche in der eigenen Biographie eine unersetzliche Qualifikation für Seelsorge[9]. Sie machen uns hellsichtig: „Narben sind Augen."

Jetzt oder nie

Man kann alle diese Dinge einsehen, und doch den Augenblick verpassen, auf den es ankäme. Solange wir an dem Messias, der immer nur eine Wunde aufpackt, um sich verfügbar zu halten, nur die Selbstlosigkeit bewundern, haben wir die Geschichte noch nicht verstanden. Er ist nicht immer auf dem Sprung. Aber er ist immer bereit, sich anspringen zu lassen. Und darauf kommt es an, wie das Ende der Erzählung erkennen läßt:

> „Als *Rabbi Josua* zum Messias hinkam, sagt er zu ihm: Der Friede sei mit dir, mein Meister und mein Lehrer!
> Der *Messias* antwortete: Der Friede sei auch mit dir, Sohn des Levi!
> Jener fragte: Wann kommst du?
> Er antwortete: Heute!"

Nicht morgen, nicht nächstes Jahr, nicht wenn alles Elend dieser Welt aus ihr hinweggenommen ist, beginnt die Erlösung, sondern inmitten dieses Elends, genau dort, wo wir stehen. Selbst wer das Bild vom verwundeten Arzt als Leitbild einer seelsorglichen Spiritualität akzeptieren möchte, tut sich außerordentlich schwer anzunehmen, daß dieses erlösende Geschehen genau jetzt bereits beginnen soll – mitten in der eigenen Ratlosigkeit. Aber den Mut zur eigenen Schwachheit habe ich überhaupt nicht, wenn ich ihn nicht jetzt habe, genau in dem Augenblick, in dem ich mich als Seelsorger überfordert fühle. Genau dies ist ja erst der Ernstfall von Seelsorge, wenn ich mich nicht vorbereiten und nicht auf die Probleme einstellen konnte, mit denen mein Gegenüber mich konfrontiert. Genau dann gilt es, nicht zu flüchten, sondern standzuhalten. Rabbi Josua Ben Levi hat das nicht verstanden, denn die Legende schließt:

> „Als Rabbi Josua nun wieder zu Elija zurückkam, fragte der ihn: Was hat denn der Messias gesagt? Rabbi Josua antwortete: Er hat mich betrogen, denn er hat gesagt: Heute komme ich! Aber er ist nicht gekommen.
> Elija aber antwortete: Das hat er dir gesagt: Heute, wenn ihr meine Stimme hört! (Ps 95,7–9)."

3. Praktische Konsequenzen für die Bildungsarbeit

Bildung bedarf der Bilder. Besser als lange Qualifikationskataloge vermögen sie unserem Handeln im Alltag Orientierung zu geben, vorausgesetzt, sie werden nicht mißverstanden oder mißbraucht. Auch das Bild vom verwundeten Arzt ist nicht gegen Mißbrauch gefeit. Es kann, wenn es absolut gesetzt wird, zur Glorifizierung und Mystifizierung des Mißerfolgs benutzt werden, als ob man ein schlechtes Gewissen haben müßte, wenn in der Seelsorge etwas locker und wie selbstverständlich gelingt. Es ist die Schattenseite aller Kreuzestheologie, daß sich depressiv veranlagte Leute hinter ihr verstecken können, um die Auseinandersetzung mit der eigenen depressiven Struktur zu vermeiden. In Wahrheit wird dabei das Bild vom verwundeten Arzt halbiert: Die Entschlossenheit des Messias, heute und jetzt dazusein, ist mit Wehleidigkeit und falscher Leidensmystik nicht vereinbar. Dagegen lassen sich aus unserer Erzählung noch mindestens zwei Imperative für die Aus- und Fortbildung von Seelsorgern ableiten.

1) *Seelsorge benötigt Reflexion und Begleitung.* Das Bild vom verwundeten Arzt belegt auf seine Weise die These, daß die fruchtbarste Bildungsarbeit in der Seelsorge *praxisbegleitend* geschieht – durch eine Praxisberatung, die dazu anleitet, Mißerfolge und unterschwellige schlechte Gefühle nicht einfach wegzustecken, sondern heraufzuholen und durchzuarbeiten, damit sie nicht länger aus dem Unterbewußtsein heraus stören oder unnötige Kräfte absorbieren. Als eines der besten Hilfsmittel zur Anschärfung der eigenen Wahrnehmungsfähigkeit gilt das Erfahrungsprotokoll (das

Gesprächsprotokoll vom Krankenbett oder der Projektbericht in der Gemeindearbeit). Solche Protokolle – im gesamten Bereich der Sozialarbeit ein selbstverständliches Kontrollinstrument – haben in der Seelsorgsausbildung eine doppelte Funktion:

Erstens helfen sie, durch die Niederschrift Abstand zu gewinnen, d.h. den Ort, an dem ich jetzt stehe, die faktisch von mir vertretenen Werte, das Strickmuster meiner Konfliktlösungsversuche in den Blick zu bekommen. Nur wenn jemand sagen kann, wo er steht, kann er auch die Richtung angeben, wohin er gehen will. Ohne Ausgangspunkt gibt es keinen Weg[10]. Solche Berichte, in der Supervisionsgruppe besprochen, zeigen mir nicht nur, was ich erlebt habe, sondern auch, welche Anteile des Erlebten ich noch nicht an mich heranlassen kann. Alle Wahrnehmung ist ja selektiv, und das Selektionsprinzip ist das Bild, das wir von uns selber haben. „Wo ist aber der Realist, der fähig wäre, all seinen Erfahrungen zu gestatten, seine Erfahrungen zu werden? Wer ist fähig, sein Glück und seine Traurigkeit, seine Haßgefühle und seine Gefühle der Zuneigung als etwas zu akzeptieren, das zu ihm selber gehört?"[11] Solange wir die eigenen Erfahrungen noch nicht wirklich zulassen können, können wir ihnen auch im anderen nicht angemessen begegnen. Was uns in uns selber ängstigt, wird uns auch in Panik versetzen, wenn es uns als Problem eines anderen Menschen begegnet. Darum kann eine einzige dokumentierte und sorgfältig ausgewertete Erfahrung mich weiterbringen als Jahre, die angefüllt sind mit unverstandenen Erlebnissen[12].

Die zweite Chance des Protokolls besteht darin, daß es zum Ausgangspunkt eines neuen theologischen Fragens und Suchens werden kann, zu einer zweiten lebendigen Quelle der Offenbarung neben der Heiligen Schrift. Anton Boisen, der Begründer der amerikanischen Seelsorgsbewegung, hat so den leidenden Menschen als lebendiges Dokument des Glaubens neben den „toten" Dokumenten der biblischen und kirchlichen Überlieferung zu studieren empfohlen, gerade den sogenannten Grenzfall in der Seelsorge[13]. Denn zum „Grenzfall" wird er ja in aller Regel erst dadurch, daß die üblichen Lösungsmuster versagen. Nicht nur der andere, sondern ich bin mit meinem Latein am Ende. Nicht nur er, sondern ich gerate damit vor die elementaren Fragen: Was ist der Sinn dieses Lebens? Was ist hier Schuld, und was wäre hier Vergebung? Wer ist hier Gott und was ist Gott nicht?

Diese Fragen kann kein Seelsorger je hinter sich lassen (wollen). Darum „darf Seelsorge niemals auf gute Gesprächsführung beschränkt werden. Sie ist eine Weise, Gott zu suchen – im Leben dessen, dem wir dienen. Das Paradox der Seelsorge besteht darin, daß wir den Gott, den wir bringen möchten, im Leben der Menschen finden werden, denen wir ihn bringen sollen. Wenn der Seelsorger lernt, die seelsorgliche Beziehung als eine vitale Quelle seines eigenen Glaubens und seiner eigenen Kontemplation zu betrachten, wird er die Erfahrung machen, daß er von denen betreut wird, die er betreut".[14] Was aber wird ihn mehr reifen lassen können als diese wunderbare Erfahrung, daß Gott ihm so entgegenkommt?

2) *Seelsorge benötigt Geduld und Gebet.* – Geduld ist vonnöten, weil es um einen Prozeß des Wachstums geht, der sich über das ganze Leben hin erstreckt. Wachstum aber braucht Zeit.

Wer lernt, sich Zeit zu nehmen, wird gerade so ein

guter Seelsorger, weil er nun auch den andern die Zeit lassen kann, die sie brauchen – in wahrhaft „himmlischer" Geduld.

Geduld heißt griechisch Hypomoné, d. h. die Fähigkeit, „darunter zu bleiben". Die Vorstellung, das Leben müsse kontinuierlich aufwärts gehen, und zwar rasch und ohne Umwege, ist eine Ideologie. Zum wirklichen Leben gehören Latenzperioden ebenso wie Wachstumsschübe, Ruhepausen so notwendig wie Aufbrüche. „Exodus in Ehren – aber ab und an brauche ich eine schöne Bank." Wer so sprechen kann, verrät, daß er begriffen hat, was Glaube ist: die Befreiung vom Zwang, an sich selber glauben zu müssen (J. Moltmann).

Ich kann die eigenen Wunden nicht schneller schließen, als sie selber heilen, aber ich kann sie vor dem aufdecken, der alle Wunden zu heilen vermag. Paul Gerhardt[15] lädt dazu in großartiger Einfachheit ein:

Befiehl du deine Wege
und was dein Herze kränkt
der allertreusten Pflege
des, der die Himmel lenkt.

Was uns jetzt „kränkt", d. h. in der Mitte unserer Existenz, im „Herzen" krank macht, verliert seine würgende, verschlingende Gewalt, wenn wir zu glauben wagen, daß Gott uns nicht auf einen bestimmten Weg drängt, sondern gewillt ist, mit uns nach einem Weg zu suchen, den wir wirklich gehen können:

Der Wolken Luft und Winden
gibt Wege, Lauf und Bahn,
der wird auch Wege finden,
da dein Fuß gehen kann.

Diesem Gott kann ich zutrauen, daß er über Mittel und Wege verfügt, an die ich nicht einmal zu denken wage – und so wird im Lied Paul Gerhardts aus dem seelsorglichen Zuspruch Gebet, direkte Anrede Gottes:

> Weg hast du allerwegen
> an Mitteln fehlt's dir nicht;
> dein Tun ist lauter Segen,
> dein Gang ist lauter Licht.
> Dein Werk kann niemand hindern,
> dein Arbeit darf nicht ruhn,
> wenn du, was deinen Kindern
> ersprießlich ist, willst tun.

Aus solchem Bekenntnis wächst mir eine Gelassenheit zu, die auch den Horizont dessen aufzuhellen vermag, der sich mir als Seelsorger anvertraut. In der Gelassenheit, die mir im Gebet zuteil wird, liegt für ihn die unaufdringliche Einladung, sich selber in Gott zu verankern – und der Seelsorge nicht mehr zu bedürfen. „Ich weiß wohl, welche Gedanken ich über euch habe – Spruch Jahwes – Gedanken des Friedens und nicht des Verderbens. Ich will euch Zukunft und Hoffnung geben" (Jer 29,3).

V

Wer ist kompetent zur Verkündigung?

Was braucht eigentlich der, der heute die Botschaft Jesu weitergeben möchte? Was muß man ihm wünschen, was vor allem darf man von ihm erwarten? Dabei wird unter „Kompetenz" das Gesamt der Fähigkeiten verstanden, die man einem Verkündiger wünschen muß, wenn er heute die Sache Jesu weitergeben soll[1].
Die genauere Unterscheidung zwischen Seelsorger und Prediger, Religionslehrer und Katechet, so wichtig es ist, sie zu gegebener Zeit einzuführen, kann vorerst einmal an der Seite bleiben; denn allen ist etwas Elementares gemeinsam: Das Krankenzimmer, das theologische Seminar, der Gottesdienst, die Schulstunde sind Situationen, in denen Menschen nach den Möglichkeiten zu leben fragen. Alle genannten Funktionsträger bringen in diese Suchbewegung das Evangelium Jesu Christi, die gute Nachricht als Orientierungshilfe, als Lösungsangebot ein. Wir wollen uns fragen, welche Voraussetzungen dazu notwendig sind und welche Maßstäbe wir besitzen, um innerhalb dieser Voraussetzungen zwischen dem wirklich Notwendigen, dem Nützlichen und dem Überflüssigen zu unterscheiden.
Diese Frage erhält heute ihre Schärfe durch Negativerfahrungen, z. B. die Gefühle der Inkompetenz etwa des Seelsorgers in einem zunehmend von Spezialisten beherrschten, von immer differenzierteren therapeuti-

schen Diensten bevölkerten Krankenhaus; die Überforderung des Religionslehrers in einer exklusiv leistungsorientierten Schule (Was soll Religionsunterricht in einem Milieu, wo nicht die Ausbildung, sondern die Auslese zur obersten Maxime zu werden droht?); die Ohnmacht des Predigers, der vergeblich die fromme Schweigemauer der gottesdienstlichen Gemeinde aufzubrechen versucht. Die kompensatorischen Gegenfiguren dieser Ohnmachtserfahrungen sind: die angemaßte Kompetenz von Predigern und Teufelsaustreibern; eine peinliche, im Namen Jesu und im Namen der Kirche zur Schau gestellte Selbstsicherheit; die traurige Kunst der Abschirmung und der diplomatisch doppelzüngigen Rede, die nicht geringer geworden ist, seit mehr Laien in der Kirche mitzureden haben.

Wer also ist ein kompetenter Verkündiger?

1. Ein biblisches Anschauungsmodell: Jes 50, 4–7

Zu den im Rückblick wichtigen Begegnungen meiner Studienzeit gehört ein Besuch bei der Witwe des evangelischen Pfarrers Paul Schneider in Dickenschied/Hunsrück. Ich bin schon als Kind, wenn ich mit meinem Vater dort unsere Verwandten besuchte, immer wieder am Grab dieses Mannes gewesen, der nach zweijähriger brutaler Mißhandlung am 18. Juli 1939 im Konzentrationslager Buchenwald ermordet wurde. Er war nicht bereit gewesen, sich an ein Predigtverbot der Gestapo zu halten und das Rheinland zu verlassen.

Als ich der Frau dieses „Predigers von Buchenwald" gegenübersaß, fiel mein Blick auf einen kleinen Spruch an der Wand: „Er weckt mich alle Morgen, er weckt mir noch das Ohr" (Jes 50, 4). „Es war ein Lieblingswort meines Mannes", sagte Frau Schneider. Zu Hause suchte ich die Stelle auf, das Gottesknechtslied Jes 50, 4–7; es erscheint mir bis heute, gerade auf dem Hintergrund des Lebenszeugnisses dieses Hunsrücker Dorfpfarrers, wie eine kleine Summe dessen, was die Kompetenz des Verkündigers ausmachen könnte:

„Gott der Herr hat mir eines Jüngers Zunge verliehen,
daß ich verstünde, die Müden aufzurichten
durch das Wort.
Er weckt mich alle Morgen, er weckt mir noch das Ohr,
zu hören wie ein Jünger hört.
Gott der Herr hat mir das Ohr aufgetan,
ich aber habe nicht Widerstand geleistet
und bin nicht zurückgewichen;
den Rücken bot ich denen,
die mich schlugen,
und die Wangen denen,
die mich rauften;
mein Gesicht verhüllte ich nicht,
wenn sie mich schmähten und anspien.
Aber Gott der Herr steht mir bei;
darum bin ich nicht zuschanden geworden.
Darum mache ich mein Gesicht hart wie Kieselstein
und weiß, ich werde nicht beschämt" (Jes 50, 4–7).

„Gott der Herr" steht gewichtig an der Spitze des Textes. Wer über die Kompetenz des Verkündigers nachdenkt und sich bei denen umhört, deren Wort in den Urkunden des Glaubens festgehalten worden ist, weil es ein kompetentes Wort war, stößt als erstes auf die Erfahrung, daß diese Kompetenz keine selbst erworbene, gewissermaßen in harter Arbeit antrainierte Fähigkeit ist – so wie Demosthenes sich mit einem Kieselstein im Mund zum kompetenten Redner heranbildet –, sondern die Kompetenz des Verkündigers wird als etwas beschrieben, was sich einstellt, was auf eine überraschende Weise gewährt wird: „Er weckt mich alle Morgen." Der Prophet macht sich nicht selbst wach. Das Aufwachen, von dem er redet, ist nicht organisierbar, wie wir uns wachmachen, indem wir uns selber einen Wecker stellen. Jahwe weckt.

„Er weckt mir noch das Ohr, zu hören wie ein Jünger hört." Es ist, als müßte das Ohr eigens geweckt werden. Denn die Fähigkeit des Verkündigers beginnt offensichtlich nicht beim Reden, sondern beim Hören, und schon dieses Hörenkönnen ist nicht selbstverständlich, ist sogar bereits in vieler Hinsicht gefährdet, denn der Text fährt fort: „Gott der Herr hat mir das Ohr aufgetan, ich aber habe nicht Widerstand geleistet und bin nicht zurückgewichen." Das sind offenbar die beiden Formen, wie wir verhindern können, daß uns die Ohren aufgehen: Widerstand und Flucht, sich abschotten und sich entziehen. Der Prophet sagt: „Ich habe nicht Widerstand geleistet und bin nicht zurückgewichen, sondern meinen Rücken bot ich denen, die mich schlugen, und meine Wange denen, die mich rauften; mein Gesicht verbarg ich nicht, wenn sie mich schmähten und anspien." Damit wird vollends deutlich, welcher Art Vorgänge es sind, durch die Gott das Ohr des Menschen öffnet, so daß er fähig wird zu hören: daß dies Grenzerfahrungen sind, Leidenserfahrungen, Situationen, in denen ich mit dem Rücken an der Wand stehe.

Für diesen Zusammenhang zwischen Grenzerfahrung und Hörbereitschaft gibt es ja auch einen gewichtigen Beleg im Neuen Testament. Im Hebräerbrief heißt es nämlich von Jesus: „Er hat in den Tagen seines Fleisches Gebete und flehentliche Bitten mit starkem Geschrei und unter Tränen vor den gebracht, der ihn vom Tode erretten konnte, und ist erhört worden aus seiner Angst. Wiewohl er der Sohn war, hat er an dem, was er litt, den Gehorsam gelernt, und so ist er – vollendet – allen, die auf ihn hören, zum Ursprung ewigen Heiles geworden" (Hebr 5,7-9).

Hörvermögen erwächst aus Leidens- und Grenzerfahrungen, in denen sich überraschend die Treue Gottes durchhält: „Aber Gott der Herr steht mir bei. Darum mache ich mein Gesicht hart wie Kieselstein, und ich weiß: ich werde nicht beschämt." Wer in dieser Weise in Grenzsituationen Gottes Treue erfährt, vermag den Kopf hinzuhalten. Er vermag auch den Mund aufzutun, wie es im ersten Vers unseres Textes heißt: „Gott der Herr hat mir die Zunge eines Jüngers gegeben, daß ich die Müden zu trösten vermöchte durch sein Wort." Da ist es nun auf eine ganz einfache Formel gebracht, was man von dem erwartet, erhofft, der im Namen Gottes auf andere Menschen zugeht: daß er die Müden aufzurichten vermag durch das Wort.

Fassen wir die wichtigsten Merkmale der Verkündigungskompetenz zusammen, wie sie aus diesem exemplarischen Text der biblischen Überlieferung zu gewinnen sind:
- Die Fähigkeit zu sprechen steht in einem inneren Zusammenhang mit der Fähigkeit zu hören.
- Beide Vermögen entwickeln sich im Lebenszusammenhang, in Kontingenzerlebnissen, in Ohnmachts- und Krisensituationen aus der Erfahrung, daß Gott da ist, verläßlich, immer wieder, alle Morgen.
- Beide Vermögen bewähren sich darum gerade in der Krisensituation anderer Menschen als die Fähigkeit, die aufzurichten, die müde sind, erschöpft, resigniert. Das Wort, das doch das ohnmächtigste ist,

was es gibt, bringt den anderen am Ende wieder zum Leben, bringt den, der müde ist, wieder auf die Füße.
- Die Kompetenz des Verkündigers ist eine Fähigkeit, zu sprechen wie ein Jünger, nicht wie ein Alter.
- Die Kompetenz des Verkündigers, diese im Leiden erworbene Fähigkeit aufzurichten, ist nicht ein verfügbarer Besitz dessen, der spricht, seine unveräußerliche Qualifikation, sein unbestreitbares Recht, sondern ist das Ergebnis von Interaktionsprozessen, in die er sich verstrickt sieht durch Gott, der ihn weckt, und durch die Menschen, die ihn prügeln. Diese Kompetenz ist selber ein Wachstumsphänomen, ein Stück Biographie, dessen Ursprung in Gott liegt.

Versuchen wir nun, diesen am biblischen Material gewonnenen Befund mit Ergebnissen und Perspektiven der Humanwissenschaften in Beziehung zu setzen.

2. „Kompetenz" in den Sozialwissenschaften

Wir haben bislang den Begriff „Kompetenz" in dem Sinn verwendet, daß wir damit die Summe der Fähigkeiten benennen wollten, die man einem heutigen Verkündiger des Evangeliums wünschen kann. Wir sollten uns nun Rechenschaft darüber geben, woher dieser Begriff kommt und was er genau bezeichnet[2].

Begriffsgeschichtlich kann man verschiedene Zusammenhänge benennen, in denen der Kompetenzbegriff entwickelt und verwendet wird[3]:

1) Die älteste Verwendung stammt aus dem juristischen Bereich: Kompetenz meint hier Zuständigkeit. Im Hintergrund dieses Begriffs steht die soziale Organisation, das arbeitsteilige soziale System, in dem es

verschiedene Rollen gibt und entsprechende Zuständigkeiten, Kompetenzen, die zu respektieren sind.

2) Davon abgeleitet ergibt sich die alltagssprachliche Bedeutung: Kompetenz meint hier weniger die juristische, vielmehr die fachliche Zuständigkeit. Der Fachmann ist kompetent, darum hört man auf seine Ansicht, holt man sein Gutachten ein. Wer sich als fachlich nicht kompetent erweist, verliert seinen Posten, es sei denn, er ist aufgrund seiner Qualifikation schon zum Beamten auf Lebenszeit ernannt worden.

Offenbar spielen in den Begriff der Kompetenz des Verkündigers schon beide Bedeutungsebenen hinein; einerseits besitzt er ja eine juristische Kompetenz, einen Lehrauftrag in Gestalt der Venia legendi oder der Missio canonica, die ihn auch in der modernen Schule schon wegen der konfessionellen Ausrichtung des Religionsunterrichts als Vertreter der Kirche erscheinen läßt; andererseits besitzt er – hoffentlich – auch eine fachliche Kompetenz: Er versteht es, die Probleme gegenwärtiger Existenz im Licht der christlichen Überlieferung zu interpretieren, und zwar nach überprüfbaren Regeln (zum Beispiel den Regeln der historisch-kritischen Methode).

Beide Kompetenzbegriffe, der juristische und der fachliche – das verdient vielleicht angemerkt zu werden –, meinen relativ personunabhängige, sachliche Qualifikationen; die Person ist austauschbar.

Der Kompetenzbegriff fand in die pädagogische und sozialwissenschaftliche Literatur freilich erst in der von Noam Chomsky und Jürgen Habermas weiterentwickelten Bedeutung Eingang.

3) Noam Chomsky entwickelte den Begriff der „sprachlichen Kompetenz" und verstand darunter die Fähigkeit des Menschen, mit dem begrenzten Regelre-

pertoire seiner Muttersprache beliebig viele „richtige" Sätze hervorzubringen. Er beobachtete nämlich, daß der Spracherwerb des Kindes nur begrenzt als Imitationslernen begriffen werden kann. Von einem bestimmten Augenblick an vermag das Kind aufgrund eines ihm angeborenen Sprachvermögens aus dem begrenzten Wortschatz und den begrenzten Satzbauplänen seiner Muttersprache viele, bisher von ihm noch nie gehörte, vielleicht überhaupt noch nie hervorgebrachte Wortkombinationen zu erzeugen. Diese Fähigkeit, sich kreativ des Regelsystems der Sprache bedienen zu können, nennt Chomsky die sprachliche Kompetenz; sie umfaßt das aktive und das passive Sprachvermögen, die Fähigkeit, zu sprechen und zu verstehen, und muß, das erbrachten die umfassenden ethnologischen Forschungen Chomskys besonders an einer Vielzahl von unerforschten Indianersprachen, als grundlegende anthropologische Konstante betrachtet werden: diese Entdeckung läßt den differenzierten Linguistiker zum Bürgerrechtler und kompromißlosen Gegner des Vietnamkrieges werden.

4) Diesen Begriff „sprachlicher Kompetenz" kritisiert freilich Jürgen Habermas, sofern Chomsky ausschließlich den einzelnen Sprecher bzw. Hörer im Blick hat. In der sozialen Realität gibt es diesen einzelnen kompetenten Sprecher, der mit Hilfe des Regelsystems seiner Sprache bestimmte sprachliche Operationen durchführt und so bestimmte Bewußtseinsinhalte transportiert, nicht. Denn das Grundmodell von Sprache ist nicht der Monolog, sondern das Gespräch. Sprache muß vom ersten Ansatz her als Interaktionsvorgang begriffen werden, der zwischen zwei oder mehr Subjekten läuft und in dem sie sich wechselseitig als Subjekte erst konstituieren. Denn das Gespräch ist,

wenn es gelingt, dadurch charakterisiert, daß es mehr ist als die Summe der Einzelbeiträge, vielmehr ein Prozeß, der die Beteiligten in eine Richtung führt, in die keiner von ihnen für sich allein gefunden hätte; ein Prozeß, aus dem man, wenn man sich wirklich auf ihn einläßt, anders herausgeht, als man hineinging; ein Prozeß, der die Chance in sich schließt, daß wir uns am andern allererst selbst finden. Und Habermas fragt, welche Voraussetzungen gegeben sein müssen, damit solche Kommunikation gelingt. Offenbar müssen alle Gesprächspartner die Chance haben, sich gleichermaßen einbringen zu können; offenbar müssen sie bewußt darauf verzichten, sich gegenseitig zu täuschen und wechselseitig zu beherrschen; sie müssen offen füreinander und für jedes sachdienliche Argument sein, also offen für jeden potentiellen Gesprächspartner, der jetzt oder in Zukunft etwas beizutragen vermag oder früher je etwas zur Sache zu sagen wußte. Gelingende Kommunikation vollzieht sich also in einem prinzipiell offenen, entgrenzten, universalen Horizont. Wo immer wir überhaupt im Interesse wechselseitiger Verständigung miteinander zu reden beginnen, müssen wir im Grunde bereit sein, diese Voraussetzungen zu erbringen – sosehr dann unser faktisches Gesprächsverhalten hinter dieser Utopie einer universalen und herrschaftsfreien Kommunikation zurückbleibt.

Diese Fähigkeit, fruchtbare Kommunikationssituationen überhaupt erst entstehen zu lassen, bezeichnet Habermas als „kommunikative Kompetenz". Es ist die Fähigkeit, im Gespräch einen „Raum" entstehen zu lassen, in welchem wechselseitig Freiheit gewährt wird, in welchem also Individualität, Subjektivität, Selbstbestimmung allererst möglich werden.

„Kommunikative Kompetenz" im Sinne von Habermas schließt also die sprachliche Kompetenz im Sinne von Chomsky in sich und ist im Unterschied zur juristischen und fachlichen Kompetenz keine personunabhängige, sondern eine in hohem Maß personale und soziale Fähigkeit; Wahrnehmungsfähigkeit, Umgang mit eigenen und fremden Emotionen, die Freiheit, die man sich selbst nimmt, und die Freiheit, die man anderen zu gewähren vermag, spielen bei ihr eine entscheidende Rolle.

Blicken wir von diesen vier Bedeutungsvarianten auf unseren biblischen Modelltext zurück, so ist die Erfahrung des Hörens und Redens, von der er spricht, offensichtlich nicht als juristische oder als fachliche Kompetenz bestimmbar. Die Fähigkeit, aufgrund der Erfahrung der Treue Gottes im eigenen Leiden die Müden durch das Wort aufzurichten, ist allenfalls mit dem Begriff der kommunikativen Kompetenz im Sinne von Jürgen Habermas faßbar.

Nun haben aber offenbar auch die juristische und die fachliche Qualifikation, also Handauflegung, Ordination, Missio canonica einerseits und theologische Forschung, Lehre, Ausbildung andererseits ihren Sinn und ihr Recht, so daß wir uns fragen sollten, ob sich die unterschiedlichen Bedeutungsanteile des Kompetenzbegriffs zusammenführen lassen, gewissermaßen als verschiedene Ebenen oder Dimensionen eines umfassenden Kompetenzbegriffs, nach dessen christologischem Fundament dann gefragt werden könnte.

In diesem Sinn hat Manfred Josuttis den Vorschlag gemacht, eine institutionelle und eine personal-soziale Dimension von Kompetenz einerseits und eine sachliche und methodische Dimension andererseits zu unterscheiden, die jeweils in einem komplementären Verhältnis zueinander stehen⁴.

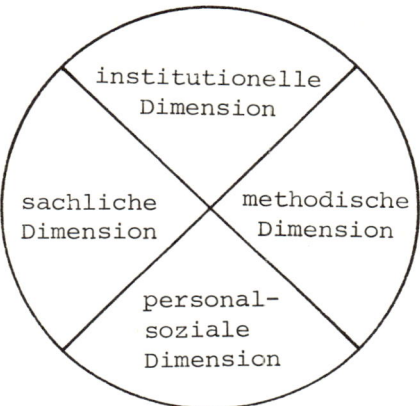

Mit der *institutionellen* Dimension würde dann der gesellschaftliche Rahmen ernst genommen, in welchem jeweils die Botschaft weitergegeben wird: wir geben heute, im Gegensatz zu Jesus, das Evangelium nicht mehr an Hecken und Zäunen weiter, sondern im Rahmen von differenzierten Lehrplänen und Schultypen; im Rahmen von Gottesdiensten am Sonntagmorgen zwischen 8 und 11 Uhr; durch Verkündiger, deren Besoldung tariflich geregelt ist und deren Altersversorgung auf der pflichtmäßigen Erfüllung dieser Aufgaben im Rahmen ihrer Arbeitsverträge mit dem Bistum oder mit dem Kultusministerium beruht.

Dieser institutionellen Dimension steht die *personalsoziale* gegenüber: die Dimension der Erfahrung des Glaubens, der eigenen Versuche, den Alltag am Evangelium zu orientieren, die eigenen Ängste von dorther anzugehen, sich selber betreffen zu lassen und solche Erfahrungen mit anderen zu teilen. Hierhin gehört die

Fähigkeit zu schweigen, zu hören, fremde Erfahrung gelten zu lassen, die Frage hinter einer Frage wahrzunehmen, aber auch einen Konflikt zu riskieren, um die eigene Erfahrung nicht zu verraten. Es ist älteste Überzeugung der Kirche, daß die institutionelle Kompetenz von der personalen lebt, ohne sie ausdorrt, ihre Glaubwürdigkeit verliert, zur Karikatur wird.

In die *sachliche* Dimension der Kompetenz eines Verkündigers gehören die Inhalte, die er vertritt. Es geht ja nicht um die Kompetenz zu irgendwelcher Rede, sondern um die kompetente Weitergabe der Botschaft Jesu. Hierher gehört also die Fähigkeit des Verkündigers, mit der Überlieferung umzugehen, der er die Botschaft Jesu verdankt. Es geht um seine Fähigkeit, innerhalb der kirchlichen Überlieferung authentische Tradition von sekundären Traditionen zu unterscheiden, mit Hilfe historischer und hermeneutischer Methoden das ursprüngliche Zeugnis des Evangeliums gegen die sanften und gefährlichen Umdeutungen, die in jedem Übersetzungs- und Aktualisierungsversuch stecken, zur Geltung zu bringen: auch gegen das herrschende Bewußtsein unserer Zeit und gegen die herrschende Praxis unserer Kirche.

Der sachlichen Dimension korrespondiert auf der anderen Seite die *methodische:* Um situationsgerecht zu kommunizieren, verstehbar, ohne Gewalttätigkeit, bedarf es der Sorgfalt, der Beachtung von Regeln, der Erfahrung und Übung im Detail, wie sie zum Ausbildungsprogramm für Religionslehre, Prediger, Telefonseelsorger, Journalisten gehören.

Versucht man diese vier Dimensionen zu gewichten, so liegt in der Perspektive heutiger Sozialwissenschaften das Schwergewicht in der personalsozialen Dimension. Sozialpsychologisch ausgedrückt: die Beziehungsfähigkeit ist die Grundlage aller Kommunikation. Nur auf der Schiene der Beziehungsebene lassen sich überhaupt Inhalte transportieren. Und je nach Inhalt variieren die Beziehungsformen: Je mehr es inhaltlich um die Betroffenen selber geht, um so entscheidender wird das Beziehungsklima. In einem Hörsaal für Chemie herrscht ein anderes Klima als bei einer Dichterlesung; eine Haushaltsdebatte fährt auf anderen Beziehungsschienen als eine Selbsterfahrungsgruppe. Die Beziehungsfähigkeit bestimmt und überformt auch die methodische Dimension; wo Methode sich von den Beziehungen ablöst, verkommt sie zu Tricks und manipulativen Manövern. Und schließlich besteht auch der Sinn des institutionellen Rahmens nur darin, auf Dauer ein angemessenes Beziehungsgefüge zu sichern; wo diese Rahmenbedingungen sich verselbständigen und (etwa als autoritäre Struktur) authentische Beziehungen schwer belasten oder gar verhindern, können auch bestimmte Inhalte nicht mehr vermittelt werden [5].

3. Stimmen der Überlieferung

Wenn wir uns fragen, mit welcher Kompetenz heute ein Student der Theologie nach zehn Semestern die Universität verläßt, so kommen wir zu dem Ergebnis: im sachlichen Bereich hat er eine Menge gelernt; die methodische Dimension kommt schon bescheidener weg; die personal-soziale Kompetenz bleibt fast vollständig dem lieben Gott und dem Spiritual oder Studentenpfarrer überlassen, obwohl genau in diesem Bereich die entscheidenden Belastungen und Konflikte der Berufspraxis (die mit der Zuerkennung der juristischen Kompetenz einsetzt) zu erwarten sind. Hier gilt es, von den Alten zu lernen.

Wenden wir uns vom gegenwärtigen Problemstand und Begriffsfeld aus den Zeugnissen der Überlieferung zu, so fällt als erstes die Bildersprache auf, in der die Kompetenz des Predigers zum Ausdruck gebracht wird: „Der wahre Lehrer der Kirchen muß seyn ‚didaktikos‘ oder geschickt zu seinem Lehr-Amt ... Gleich einer Uhr, welche schläget, wie sie weiset und zeigt. Gleich einer Laternen, welche das Licht in sich führet, und anderen fürleuchtet, daß sie den rechten Weg nehmen und gehen. Gleich einem Fuhrmann, welcher nicht nur den Weg an Ort und Stelle weiset, sondern auch selbst mitfährt. Gleich einem Licht, welches andere nicht anzündet, wo es nicht selbsten brennet. Gleich einem Hahn, welcher, wenn er mit seinem Krähen andere will munter machen, sich selbst zuvor mit Zusammenschlagung der Flügel munter machet."[6] Dieser Bilderreichtum ist mehr als barocker Überschwang; in den Bildern überliefert sich eine theologische Tradition, die an elementare Erfahrungen des Predigers anknüpft.

Wachsamkeit

So muß man, um das Bild des Hahns am Ende der zitierten Passage zu würdigen, bis zu Gregor d. Gr. zurückgehen, der vom Prediger fordert: „Er muß mehr durch seine Taten als durch sein Wort zu den Menschen sprechen; er darf ihnen nicht nur mit Worten sagen wollen, wohin sie gehen müssen, sondern muß ihnen durch sein Leben Fußstapfen hinterlassen. Denn auch der Hahn, den der Herr in seinen Worten benützt, um das Bild des guten Predigers zu skizzieren, schüttelt die Flügel, bevor er kräht, und schlägt sich selbst, um sich wachzumachen. Wer durch das Wort der Verkündigung wirken will, muß zuvor selbst durch die Praxis des Guten aufgewacht sein. Wer das eigene Leben verschläft, kann die andern nicht durch sein Wort aufwecken. Die Flügel regen heißt: tun was uns selbst weiterbringt; danach mögen wir auch die andern zu einem guten Leben anhalten. Die Flügel an den eigenen Körper schlagen heißt: über sich selbst nachdenken, bei sich selbst erkennen, was belastend und hinderlich ist und es durch Umkehr abtun; danach mögen wir in das Leben anderer ordnend eingreifen. Zuerst muß ein Prediger die eigenen Fehler bedauern, dann mag er die andern auf das aufmerksam machen, was für sie schädlich ist. Und noch ehe ein Wort über seine Lippen kommt, sollte er bereits durch seine Lebenspraxis ankündigen, was er sagen wird."[7]

Dominiert in dieser Passage der Appell, so verweist die Metapher vom Hahn in der patristischen Theologie noch auf einen umfassenderen Zusammenhang: Der Hahn kündet den Morgen an, weil er den Tagesanbruch „ahnt", noch ehe die Sonne aufgegangen ist, und so wird er zum Symbol christlicher Hoffnung. Darum wird die Zeit des Hahnenschreis in der alten Kirche zur ersten Gebetsstunde; zu dieser Stunde wird an jedem Sonntagmorgen in der Anastasis-Kirche in Jerusalem die Auferstehungsbotschaft verlesen[8]. Auf diesem Hintergrund meditiert Gregor (in der Fassung der Vulgata) Hiob 38,36: „Wer legte in das Innere des Menschen Weisheit oder wer gab dem Hahn die Ahnungskraft?" und er fährt fort: „Wer wird hier wohl als Hahn bezeichnet, wenn nicht – wie oft an anderer Stelle – die heiligen Prediger, die in der Dunkelheit des jetzigen Lebens sich mühen, mit ihrer Stimme Kraft das kommende Licht anzukündigen? Sie sagen nämlich: Die Nacht weicht, der Tag bricht an! (Röm 13,12). Sie brechen mit ihrer Stimme unseren Schlaf ab und rufen: Es ist Zeit, vom Schlaf aufzustehen! (Röm 13,11) und weiter: Wachet ihr Gerechten, sündigt nicht! (1 Kor 15,34)."[9]

Hier artikuliert sich eine eschatologisch orientierte Frömmigkeit von hohem theologischem Niveau: der Prediger wird als jemand gesehen, der zwischen Ostern und Parusie den Anbruch der Gottesherrschaft ankündigt.

Zärtlichkeit

Dem Bild des Hahns unmittelbar verwandt und für die Theologie des Predigtamtes ebenso wichtig ist das Bild der Henne, die besorgt ihre Küken zusammenruft (Mt 23,37). Anknüpfend an die Mütterlichkeit Gottes (Jes 66,13 und Ps 17,10), Christi, der uns am Kreuz im Schatten seiner Flügel birgt (Ps 17,8) und Pauli (Gal 4,19 und 1 Kor 4,15) wird hier dem Prediger ans Herz gelegt, nicht in väterlicher Strenge, sondern mütterlich-werbend dem Hörer zugewandt zu sein[10]. Besonders im angelsächsischen Raum, im Gebet Anselms von Canterbury zu „Paulus, meiner Mutter"[11] und in der wenig bekannten mittelalterlichen Devotion zu „Jesus, unserer Mutter"[12] scheint sich ein Korrektiv gegen ein maskulines, autoritäres Amtsverständnis artikuliert zu haben, das bis zu Luthers Rede von dem Prediger als Amme reicht[13] – wobei die Bildmetaphorik von der Milch (1 Petr 2,2 und Heb 5,12) und das Motiv von den Brüsten (Hld 4,5), bezogen auf AT und NT, immer wieder aufgegriffen werden[14].

Mit einem anderen, ebenso kühnen Bild macht Johann Michael Sailer den Verkündiger auf die emotionale Seite des Predigtgeschehens aufmerksam: „Deine Predigt sey rührend für das Herz. Viel sagt schon das bloße Wort: Rührung des Herzens. Es wird dadurch ausgesprochen: erstens eine geistige Berührung. Wie die physische Berührung ein unmittelbares Zusammentreffen zweyer Körper in einem und demselben Punkte desselben Raumes ist: so auch die geistige Berührung, welche vermittelst der Wahrheit geschieht. Es begegnen sich die Wahrheit und das der Wahrheit empfängliche Gemüth – in einem Punkte, in welchem beyde einander nicht mehr ausweichen können, welcher beyden gemeinschaftlich ist, in welchem sich beyde einander erkennen und begrüßen. Das ist das osculum sanctum in der verschwiegensten Stätte des Gemüthes."[15]

Wenn das Wort der Erlösung auf einen offenen Erwartungshorizont trifft, kommt es gewissermaßen zu einer unausweichlichen Begegnung. Die Ahnung der Lösung und die Lösung selbst begegnen sich wie zwei Menschen, die einander „erkennen" (im biblischen Sinne) und als zueinander gehörig begrüßen. Hier wird, wie in der Zärtlichkeit und Heftigkeit eines Kusses, die innerste Tiefe angerührt und in Bewegung gebracht:

„Es wird dadurch ausgesprochen: zweytens eine Berührung des Herzens. Nicht nur dem Verstande allein, auch nicht der Imagination allein soll die Wahrheit, die du predigest, in Einem Punkte begegnen und, ihr begegnend, sie berühren, sondern auch mit dem Herzen soll sie zusammentreffen. Die mächtigste, die innigste, die am tiefsten liegende Kraft im Menschen – jenen Fond in ihm, aus dem Leben und Tod, Himmel und Hölle quillt, sollst du berühren ...

Rührung des Herzens – wer kann auch nur beschreiben, was sie sey? Wenn die Wahrheit mit ihrer himmlischen Kraft das Herz eines Menschen berühret, und diese Berührung sich fortpflanzet bis in die Tiefe, bis auf den Grund des Herzens, und dieser Grund selber aufgerühret wird, und in dieser Aufrührung des Grundes alle Mächte des Herzens aufgereget und in Bewegung gesetzt werden; wenn diese Bewegung aller Mächte des Herzens den Entschluß, sich dem Eindrucke und dem Willen der himmlischen Wahrheit ganz und auf immer zu ergeben, im menschlichen Gemüthe erzeuget und befestiget: so nenne ich die Summe aller dieser Bewegungen – Rührung des Herzens, die der Prediger zum Zwecke seiner Arbeit machen soll ...

Predige rührend für das Herz des Volkes, heißt demnach so viel als: Suche durch deine Predigt nicht etwa bloß den Verstand und die Einbildungskraft, sondern auch das Herz, und vorzüglich das Herz des Volkes zu berühren, und nicht nur zu berühren, sondern auch zu rühren, also eine aus dem Grunde des Herzens sich erhebende Verwandlung zu veranlassen, die sich durch den neuen Sinn und den neuen Geist des Menschen als eine wahrhaft neue Schöpfung ankündet.

Und das ist die Würde des christlichen Predigers: er will keine bloße Um-Gestaltung oder Anders-Gestaltung des äusserlichen Lebens, er will eine Um-Wandlung des inneren, und vor allem des allerinnersten Lebens, dieses Göttlichste aller göttlichen Werke. Und diese Um-Wandlung des allerinnersten Lebens will er durch die Rührung des Herzens veranlassen, anbahnen, beschleunigen, sichern."[16]

Daß dies nicht einfachhin in der Macht des Predigers liegt, deuten die letzten Sätze Sailers und der weitere Kontext an; eine Verkündigung, die dies nicht wenigstens grundsätzlich intendierte, ist leeres, lebloses Gerede: „Stehend auf hölzerner Stätte, teilest du ihm lauter Holzspäne mit, und forderst von dem Volke, daß es die Holzspäne durch ein stilles inniges Nachsinnen in lebendige Gedanken verwandeln sollte. Weißt du denn nicht, daß lebendige Gedanken nur aus lebendiger Anschauung werden können? Und nun bist du selber von aller lebendigen Anschauung entblößt, und deine Gedanken sind so tot wie dein Herz: kannst also nichts anschaubar machen, weil du selber nichts anschauest – als den toten Gedanken in dir."[17]

Auch für Sailer gehört zur Kompetenz des Predigers schließlich die Fähigkeit, von seinen Hörern zu lernen, und zwar gerade da, wo sie ihm unterlegen zu sein scheinen: „Das eben hat einige Prediger irregeleitet: das Volk sprachen sie, soll nicht immer Kind sein. Wir wollen das Kind zum Manne machen. Also müssen wir es mit Begriffen und zu Begriffen erziehen. Mit Begriffen zu Begriffen und durch Begriffe zu reifen Menschen wollt ihr das Volk erziehen? Ihr Lieben, doch nicht mit Begriffen allein! Sagt doch, wo schiebt denn das Volk das schreiende Bedürfnis nach Anschauung und Gefühl hin, damit es von den Begriffen leben möge? Wo ist denn das Kind, das allein durch Begriffe zum Manne geworden ist? Macht denn schon der Begriff den Mann? ...

Liebste Freunde, wir müssen Kinder werden, um Kinder zu Männern zu erziehen; wir müssen Allen Alles werden, um Alle selig zu machen: was zögern wir, Volk zu werden, um auch das Volk zu Christus zu führen?"[18]

Zeitgenossenschaft

Wir haben Zeugnisse ausgewählt, die vor allem die personalsoziale Dimension der Predigtkompetenz unterstreichen, und ihr kultureller Kontext ist sichtbar geworden. Andere Epochen der Predigtgeschichte haben andere Dimensionen der Predigtkompetenz akzentuiert. Es wäre eine lohnende Aufgabe, dem im Detail nachzugehen. Clemens von Alexandrien etwa (um einen großen Lehrer der vorkonstantinischen Ära herauszugreifen) müssen wir uns ja wohl als eine Art christlichen Guru vorstellen, als jemanden, der das Leben aus dem Glauben als eine Alternative zum Lebensstil der spätantiken Großstadt entwickelt: die personale Kompetenz macht nicht nur den inneren Kern aus, sondern trägt die ganze Gestalt![19] Augustinus sieht sich, nur knappe 150 Jahre später in Nordafrika, bereits gezwungen, die institutionelle Dimension von Kompetenz zu betonen. Gegen die Donatisten, die alle Priester aus dem Amt entfernen wollen, die in der Verfolgung heilige Schriften ausgeliefert haben, weil sie nicht mehr glaubwürdig seien, betont er das Gewicht des Amtes: auch wenn der Amtsträger persönlich an Glaubwürdigkeit verloren hat, spricht aus ihm Christus[20]. Auf dieser institutionellen Kompetenz insistiert die mittelalterliche Kirche immer einseitiger, je mehr sie sich durch die neue Laienfrömmigkeit und die häretischen Untergrundbewegungen seit dem 12. Jahrhundert in Frage gestellt sieht[21]; auch Luther ist sehr schnell bereit, neben der fachlichen Kompetenz die juristische zu fordern und zu fixieren, um der Schwärmer und der hinter ihnen drohenden sozialen Konflikte Herr zu werden. Die Aufklärung akzentuiert – in ähnlicher Weise wie wir heute von den Realisierungsbedingungen des Glaubens fasziniert – stark die methodische Seite. Der Pietismus im Gegenschlag dazu macht die Erfahrung, die persönliche Bekehrung und Betroffenheit, also wiederum die personale Kompetenz, zum ausschlaggebenden Kriterium authentischer Verkündigung[22].

Sieht man diese unterschiedlichen Akzente, so kommt man zu der Schlußfolgerung, daß es offenbar *die* Kompetenz des Verkündigers (als ideale und normative, allgemein verbindliche Figur) nicht gibt. Das Gesamt der Fähigkeiten, die man einem Verkündiger wünschen möchte, variiert je nach Zeit und Gesellschaft; es läßt sich nur epochal-geschichtlich bestimmen, als Kompetenz für eine bestimmte Zeit und für eine bestimmte Gruppe, nicht absolut und abstrakt, sondern nur bezogen auf konkrete Menschen. Das kann gar nicht anders sein, wenn für gelingende Kommunikation wirklich gilt, daß sich in solchen Prozessen Subjekte erst gegenseitig als Subjekte konstituieren.

Damit stellt sich freilich die Frage, was die charakteristische Kompetenz eines heutigen Verkündigers sein könnte. Vielleicht kann man die Grundqualifikation, die man von ihm als Voraussetzung für eine glaubwürdige Verkündigung erwartet, auf die Formel bringen: er müßte als Erwachsener zu Erwachsenen sprechen. Alex Stock hat diese Formel vorgeschlagen[23], und in ihrer alltagssprachlichen Unscheinbarkeit will mir eine Menge theologischer Sprengstoff sitzen. Der Verkündiger, der als Erwachsener zu Erwachsenen zu sprechen vermag, müßte ja wohl auf der *personalen* Ebene die Fähigkeit besitzen, den anderen als erwachsenes Gegenüber, als freien Menschen zu akzeptieren; er müßte auf der *fachlichen* Ebene die Fähigkeit besitzen, mit der eigenen Tradition in einer erwachsenen Weise umzugehen, ohne infantile oder zwanghafte oder auch permanent polemische Fixierung auf vergangene Positionen; im *methodischen* Bereich müßte er fähig sein, zu durchschauen, was er mit anderen Menschen tut, und den Betroffenen selber diese Verfahren durchsichtig machen; auf der *institutionellen* Ebene müßte er jenes Stück Rollendistanz aufbringen können, ohne das es keine erwachsene, das heißt am Gewissen orientierte und freie Rede gibt.

4. *Verkündigung und Sendung*

Woher kommt es, daß gerade Religonslehrer und Seelsorger, die sich besonders sensibel auf die Botschaft des Evangeliums und zugleich auf die Menschen einlassen, mit der klassischen theologischen Rede von der „Vollmacht" des Verkündigers wenig anfangen können? (Diese besagt: Die tragende Basis aller Veründigung ist die Sendung durch Christus; sie ist von ihm auf die Apostel und von den Aposteln auf ihre Nachfolger, die Bischöfe, übergegangen und wird von ihnen an ihre Mitarbeiter, die Priester und Laien im Verkündigungsdienst, weitergeleitet. Kompetent zur Verkündigung ist, wer in dieser Sendung steht).

Auf dem Hintergrund unserer bisherigen Überlegungen muß dies damit zusammenhängen, daß die biblischen Begriffe der „Sendung" und der „Vollmacht" in dieser Art Amtstheologie exklusiv zur Untermauerung der institutionellen Kompetenz ins Feld geführt und geradezu gegen die drei anderen Dimensionen – die theologischen Inhalte, die methodische Gründlichkeit und das personale Engagement – ausgespielt werden. So empfinden heute jedenfalls viele Laientheologen angesichts der vom Codex herausgestellten Bedeutung der Diakonatsweihe[24]. Je mehr aber Kirche und Gesellschaft auseinanderdriften, je mehr sich die Sprache der Zeitgenossen von der Sprache der Überlieferung entfernt, um so weniger besteht das eigentliche Problem darin, wer das Evangelium weitergeben dürfe, sondern wer es weitergeben könne. Denn auch die schönste theologische Legitimation kann nicht wettmachen, daß das Amt heute den Verkündiger nicht mehr trägt, sondern daß umgekehrt der einzelne Verkündiger durch sein persönliches Engagement, durch seine personale und soziale Kompetenz dem Amt allenfalls wieder Ansehen verschaffen muß. Ob der von der klassischen Dogmatik und vom Kirchenrecht reklamierte Begriff der Sendung überhaupt zur theologischen Begründung heutiger Verkündigungskompetenz herangezogen werden kann, hängt davon ab, ob der zugrundeliegende biblische Sendungsbegriff mehr umfaßt als die juristische Beauftragung, ob er in den Bereich der fachlichen und sogar der personalen Kompetenz hineinreicht, ja dort seinen Schwerpunkt hat.

Die Sendung zur Verkündigung darf aber nach dem Neuen Testament überhaupt nicht als formaljuristische Beauftragung begriffen werden. Sendung gibt es im Neuen Testament nur als eine an die Sache Jesu gebundene Sendung, und dies wiederum bedeutet: als eine dem Verkündigungsstil Jesu verpflichtete Sendung. Denn die Botschaft Jesu geht nach der Überzeugung des Neuen Testaments nur dort weiter, wo die Praxis Jesu weitergeführt wird.

Wenn man sich fragt, was denn die Menschen, denen Jesus begegnet ist, zu dem Urteil veranlaßt hat: „Dieser redet wie einer, der Macht hat, und nicht wie die Schriftgelehrten" (Mt 7,29), so liegt der Grund doch wohl darin, daß Jesus das, wovon er spricht, in der Weise seiner Zuwendung zu den Menschen unmittelbar wahr macht. Er sagt dem Zachäus im Baum eben nicht: „Gott liebt dich"; er kehrt bei ihm ein und macht damit durch sein Verhalten wahr, daß Gott ihn liebt. Die Botschaft Jesu ist so in seinen handelnden Umgang mit den Menschen eingebunden, daß Verkündigung und Verhalten Jesu sich gegenseitig interpretieren und gemeinsam die Situation verwandeln. Der Anbruch der Gottesherrschaft ist für ihn darum und in der Weise das zentrale Thema, daß er ihr in seinem eigenen Verhalten unmittelbar Raum gibt. In der Zuwendung zur Ehebrecherin, zum Zöllner, zu Kindern und Krüppeln macht er unmittelbar anschaulich, wovon er redet, greift er auf die Vollendung des Reiches Gottes vor, „und zwar so, daß er die Wirklichkeit Gottes und sein Heil *für die anderen* behauptet ... im Vollzug seiner Existenz als kommunikativer Praxis. Er *ist* diese Behauptung für die anderen"[25].

Dieser Zusammenhang prägt denn auch ganz charakteristisch die Redeweise Jesu. Daß er sich vor allem der Sprachform des Gleichnisses bedient – das hat die neueste Gleichnisforschung herausgearbeitet –, hängt damit zusammen, daß die Gleichnisse begriffen werden müssen als der Versuch Jesu, die Situation durchsichtig zu machen, in der jetzt Gottes unbedingte Güte neue Lebensmöglichkeiten für die Menschen erschließt: So verhält es sich mit der Herrschaft Gottes! „Die Rede von Gott und seiner Herrschaft wird also streng aus dem Handeln Jesu in einer bestimmten Situation eingeführt und begründet. Die Bestimmung der Wirklichkeit Gottes ist gebunden an eine bestimmte Weise kommunikativer Praxis und geschieht im Handeln auf den andern zu: Jesus behauptet mit seiner Existenz, in seinem Handeln Gott als die rettende Wirklichkeit."[26] Und indem er diese Zuwendung zum Menschen kompromißlos durchhält, geht er auf seinen Tod zu und akzeptiert ihn als äußersten Preis für die Wahrheit seiner Botschaft.

Entsprechend hat auch die nachösterliche Gemeinde die Sendung der Jünger durch Jesus nie als eine Sendung zum „Wortemachen" begriffen, sondern als eine Verpflichtung auf diese umfassende Praxis Jesu: Darum heißt es Mt 10 (in der Übersetzung von Walter Jens): „Da rief er seine zwölf Schüler zusammen und gab ihnen die Große Macht: die Geister auszutreiben und Krankheit und Leid zu heilen. Und er sandte sie aus und gab ihnen die Weisung: Geht und verkündet: nahe ist das Reich der Himmel. Heilt die Kranken, weckt die Toten auf, reinigt die Aussätzigen, jagt die Geister davon" (Mt 10, 1.5.7 f.).

Kompetenz zur Verkündigung gibt es also nur als Teil einer umfassenden, von Jesus vorgelebten und in seinem Tode ratifizierten Zuwendung zum Menschen; ihr Wurzelgrund ist das Mitleid Jesu mit den Menschen: „denn sie waren müde und zerschunden und lagen am Boden – wie Schafe, denen der Hirt fehlt" (Mt 9, 36).

Und darum ist die Verkündigungskompetenz auch an die Weisungen gebunden, die Jesus seinen Jüngern auf den Weg mitgibt: „Umsonst habt ihr empfangen, umsonst sollt ihr geben. Eure Tasche sei leer: kein Gold, kein Silber, kein Kupfer darin. Nehmt keinen Ranzen mit auf den Weg, keinen zweiten Rock, keinen Stab: wer arbeitet, erhält, was er braucht" (Mt 10, 8–10).

Denken wir nicht zu rasch, hier würde nur eine Episode aus dem Wanderleben des Rabbi Jesus erzählt.

Die Aussendungsberichte sind vielmehr, das hat die formgeschichtliche Forschung längst herausgearbeitet, Legitimationstexte der nachösterlichen Missionskirche, die hier die Kriterien und die Bedingungen glaubwürdiger Verkündigung umschreibt. Hier redet nicht nur der historische Jesus, sondern der Christus des Glaubens, und hier bekennt sich die nachösterliche Gemeinde zu den Fundamenten ihrer Verkünigungspraxis: daß sie nämlich verpflichtet ist, dieselbe Ohnmachtsposition einzunehmen, von der aus Jesus veründigt hat, die Position des Fremdlings, des Gastes, die Position dessen, der keinen Platz hat, wohin er sein Haupt legen soll. Wir machen uns viel zuwenig klar, in welchem Umfang Jesu eigene Vollmacht damit zusammenhängt, daß er sich der Ohnmachtsposition des Gastes ausliefert: Er verkündet – um im Bild zu bleiben – gerade nicht von der gesicherten Position eines Hausherrn aus, innerhalb der eigenen vier Wände, vom gesicherten sozialen Podest einer Lehrkanzel herab, sondern als Gast im Haus der Zöllner Matthäus und Zachäus, im Haus des Lazarus und der Schwiegermutter des Simon, angewiesen auf die Freundlichkeit und Aufnahmebereitschaft derer, die ihn an ihren Tisch nehmen. Und gerade aus dieser Schwächeposition heraus entwickelt er die wunderbare Freiheit, das Verhalten der übrigen Tischgenossen, die sich die besten Plätze aussuchen, offen anzusprechen oder den Gastgeber Simon, den Pharisäer, im Gleichnis von den zwei Schuldnern einzuladen, sein Verhältnis zu der Frau zu überdenken, die sich in sein Haus hineingeschlichen hat und sich nun über Jesu Füße beugt[27]. Wie das Gewähren der Gastfreundschaft konstitutiv wurde für die Entstehung christlicher Gemeinden, so hat ohne Zweifel die nachösterliche Gemeinde die Fähigkeit, Gast zu sein, als eine Voraussetzung und Bedingung kompetenter Verkündigung begriffen: „Darum, wenn ihr in eine Stadt kommt oder in ein Dorf, fragt: Wer ist würdig, uns zu bewirten? Dort bleibt, bis ihr weiterzieht. Sagt: Friede, wenn ihr in ein Haus kommt. Euer Friede kehre ein im Haus, wenn das Haus ihn verdient. Wenn aber nicht, kehre der Friede zu euch zurück. Geht fort aus dem Haus, das euch nicht aufnehmen will, und geht fort aus der Stadt, die euch nicht anhören mag. Nicht einmal den Staub der Straße sollt ihr aus einer solchen Stadt mitnehmen" (Mt 10, 11–14). Hieraus spricht dieselbe innere Freiheit und Würde der frühchristlichen Gemeinde, wie sie dem Fremdling Jesus eigen war.

Man muß nur die weitere Aussendungsrede durchgehen: die Mahnung, sich vor den Menschen zu hüten und sie gleichwohl nicht zu fürchten, Konflikte in die Familien zu tragen und selber mit den religiösen und staatlichen Autoritäten in Konflikt zu geraten, um zu erkennen: Das entscheidende Fundament vollmächtiger, vom Geist erfüllter Verkündigung des Evangeliums ist die Treue zur Lebenspraxis Jesu selbst, ist die Nachfolge. Sendung legitimiert soweit und unter der Bedingung, als diese Verkündigung Teil und Ausdruck der Nachfolge bleibt.

Nachfolge als inneres Moment der Sendung ist im übrigen gar nicht nur in der frühen Phase der Gemeindebildung in Geltung gewesen, sondern auch im späteren Verlauf der Verkündigungsgeschichte immer wieder gegen die Tendenz zur Überbewertung der institutionellen Kompetenz in Erinnerung gerufen worden. Es ist die spirituelle Gegentradition gegen die Fortschreibung kirchenrechtlicher Zulassungsbedingungen, die sich zum Beispiel in der Gestalt des Franz von

Assisi überwältigend Bahn bricht. Auf die spirituelle Legitimation – im Unterschied zur kirchenrechtlichen – legt er seine Brüder mit beschwörenden Worten in seinem Testament fest, weil sich noch zu seinen Lebzeiten im Orden Tendenzen breitmachen, sich durch päpstliche Predigtvollmachten abzusichern, um sich so von der Zulassung durch das Volk, den Ortsklerus und die Bischöfe unabhängig zu machen: „Ich befehle allen Brüdern im strengen Gehorsam: sie sollen, wo immer sie sein mögen, nicht wagen, sich irgendein Ermächtigungsschreiben aus Rom zu erbitten, weder sie selbst noch durch irgendeinen Vermittler, weder für eine Kirche noch für ein Wohnhaus, noch unter dem Vorwand der Predigt oder ihrer Sicherheit. Sondern, wo man sie nicht aufnimmt, dort mögen sie, wie das Evangelium sagt, in ein anderes Land fliehen und dort die Umkehr üben und Gott preisen."[28]

Hier weiß noch einer, daß Vollmacht des Wortes im Ohnmachtsstatus des Gastes, der jeweils erst um Aufnahme bitten muß, ein sichereres Fundament hat als in der kirchenrechtlichen Autorisation, weil solche juristische Kompetenz sehr schnell in angemaßte Kompetenz umschlägt, weil sie die Bedingungen gelingender Kommunikation, die Freiheit des Partners, geringachtet. So wird uns erzählt, daß die Brüder Franziskus bedrängen: „Vater, siehst du denn nicht, daß uns manche Bischöfe einfach nicht predigen lassen wollen, so daß wir viele Tage müßig herumstehen müssen, bis wir zum Volk sprechen dürfen? Es wäre doch viel besser, wenn du erreichen könntest, daß die Brüder vom Papst ein Predigtprivileg erhalten – zum Heil der Seelen." Franziskus antwortet: „Ihr wollt kleine Brüder sein und kennt doch nicht den Willen Gottes und hindert mich daran, die ganze Welt in der Weise umzuwandeln, wie

Gott es will. Denn ich will durch Demut und Ehrfurcht zunächst die Prälaten zur Umkehr führen, und wenn sie unser heiliges Leben und unsere Ehrfurcht sehen, werden sie euch von selbst bitten, zu predigen und das Volk zu bekehren. Das ist viel besser für euch als die Privilegien, die euch nur überheblich machen. Ich für meine Person will nur dieses Privileg von Gott: keinerlei menschliches Privileg zu besitzen, außer dem, daß ich allen Ehrfurcht erweise und durch den Gehorsam gegen die heilige Regel und durch mein Beispiel mehr als durch mein Wort sie zur Umkehr führe."[29]

Wenn wir als heutige Verkündiger die Erfahrung machen, daß eine bloß kirchenrechtliche Legitimation nicht mehr trägt, ist die Versuchung groß, in dieser arbeitsteiligen Gesellschaft die Chancen der Verkündigung in erster Linie in einer vertieften fachlichen Qualifikation, in mehr theologischer Spezialisierung und besserer methodischer Ausbildung zu suchen. Was in dieser Richtung in den letzten zwanzig Jahren in der theologischen Forschung und Lehre erarbeitet worden ist, hat ohne Frage erheblich zur Kompetenz der Verkündiger beigetragen. Aber es gehört auch zur Redlichkeit einer Situationsanalyse, die sich den Grenzerfahrungen heutiger Verkündigung stellt – den Belastungen von Berufsschullehrern, den Identitätskrisen von Krankenhausseelsorgern, der Ratlosigkeit bei der Suche nach einer neuen Sprache des Glaubens –, sich einzugestehen, daß eine bloße Anpassung des theologischen Ausbildungsbetriebs an die Standards vergleichbarer Berufe nicht ausreicht. Die Kompetenz des Verkündigers ist *auch* die Kompetenz des Fachmanns für Theologie, aber darf man einem Schüler der Kollegstufe oder dem Besucher eines Elternseminars übelnehmen, daß er die heimliche Erwartung hat, Kompetenz des Verkündigers sei mehr als das? Wohin soll man den eigentlich schicken?

Meiser Eckhart wußte noch: „Ein Lebemeister ist mehr wert als tausend Lesemeister."[20] Der eigentliche Maßstab und der tragende Legitimationsgrund kompetenter Verkündigung ist die glaubend in das eigene Leben übernommene Praxis Jesu selbst. In demselben Maß, wie die dogmatische Christologie nicht nur den Tod, sondern das Leben Jesu thematisiert, und aufweist, wie er sprechend und handelnd Heil stiftet, in welcher Art Umgang er die zu Subjekten macht, die ihm begegnen, und so selber zum Christus wird, je mehr also die Christologie selbst sich von der Soteriologie her versteht, um so mehr läßt sich auch im Rahmen der Praktischen Theologie aufzeigen und einüben, daß die Kompetenz heutiger Verkündigung im Grunde darauf hinausläuft, den Ort Jesu unter den Menschen einzunehmen und die Müden zu trösten durch sein Wort. Kompetent zur Verkündigung ist dann, wer sich in der Nachfolge Jesu und in seinem Glauben an die Nähe Gottes so auf menschliche Situationen einzulassen vermag, daß jene Prozesse des Staunens, der Freude und Befreiung in Gang kommen, die die Lebenspraxis Jesu ausgelöst hat und bis heute bei denen auslöst, die sich von ihr betreffen lassen.

VI
Die Last des Taufgesprächs

Die Eingliederung in die Kirche ist heute zu einem pastoralen Problem erster Ordnung geworden. Was das volkskirchliche Sozialisationsmilieu seit der Spätantike und über das ganze Mittelalter hinweg bis in unser Jahrhundert hinein wie selbstverständlich geleistet hat, will nicht mehr gelingen[1]. Wer daraufhin die pastoralen Institutionen der Frühen Kirche, vorab das Katechumenat, befragt, nach welchen Gesetzen, mit welchen Schwerpunkten und in welchen Stufen sich die Eingliederung in die Kirche damals vollzog, stößt auf die hohe Bedeutung, die dem Glaubensgespräch im kleinen Kreis der Taufbewerber beigemessen wird[2].

Ein Glück, daß wir aus der Katechumenatspraxis der alten Kirche nicht nur Lehrpläne und liturgische Modelle besitzen, sondern auch ein Dokument, das die Probleme erörtert, die mit dem Taufgespräch auf uns zukommen. Die älteste pastorale Handreichung, die wir zum Taufgespräch besitzen, Augustins kleines Werk ‚De catechizandis rudibus'[3], wäre ohne die Engpässe und Verlegenheiten eines praktischen Seelsorgers niemals geschrieben worden. Der Diakon Deogratias aus Karthago empfindet das Taufgespräch als eine Last, und Augustin macht keinen Hehl daraus, daß es ihm ähnlich geht.

„Du sagst", resümiert Augustin die Klage des Diakons, „du fühltest dich fast ständig in Verdrückung, wie man das, woran wir glauben und wodurch wir zu Christen werden, angemessen vermitteln könne, wovon man ausgehen und bis zu welchem Punkt man den Stoff durchnehmen müsse, ob man nach Abschluß des informativen Teils ein Wort der Ermahnung anbringen oder die Gebote isoliert vorlegen solle, von denen der Hörer weiß: nur wenn er sie befolgt, läßt sich ein christliches Leben und Bekenntnis durchhalten. Und oft – so hast du in deinem Brief gestanden und geklagt – hast du die Erfahrung machen müssen, daß du dir bei deinem langen und schleppenden Vortrag selbst billig und widerwärtig vorkamst – ganz zu schweigen von dem, für den du sprachst und denen, die sonst noch da waren und zuhörten."[4]

Aber im Gegensatz zu Deogratias sieht Augustin das Hauptproblem nicht in den inhaltlichen und didaktischen Schwierigkeiten, sondern darin, wie man erreichen könne, daß einer die Freude am Taufgespräch bewahrt. „Darum soll man sich nicht zu sehr den Kopf darüber zerbrechen, welche Lerninhalte dargeboten, in welchem Umfang die Heilsgeschichte ausgebreitet werden sollte oder wie man Abwechslung in den Unterricht bringen kann, indem manches kürzer und anderes länger behandelt wird – natürlich ohne Einseitigkeiten; vielmehr muß die größte Sorge sein, wie man erreichen kann, daß der, der im Glauben unterweist, dies mit Freude tut. Denn je mehr ihm dies gelingt, um so besser wird seine Katechese sein."[5]

Dies überrascht und ist auf Anhieb zu einfach, um wahr zu sein. Es muß den Interpreten des kleinen Werkes als erbauliche Übertreibung erschienen sein, sonst hätten sie diesen Akzent Augustins nicht so beharrlich unterschlagen können[6]. Wer aber erst damit beginnt, die Vorbereitung auf die Taufe, die Erstkommunion und die Firmung auf Kleingruppenbasis durchzuführen, wird den Akzent, den Augustin auf den Bereich des Zwischenmenschlichen, auf die Einstellungen zueinander, auf die Vorurteile und Vorbehalte, auf die nichtverbale Kommunikation und die emotionalen Voraussetzungen des Gesprächs setzt, als hochaktuell empfinden[7]. Er weiß, daß eine inhaltliche Vorbereitung allein den Katecheten für seine Aufgabe nicht hinreichend ausrüstet, weil es hier nicht in erster Linie um die Vermittlung von Wissen geht, sondern um die Einübung in den Glauben als Lebensstil und in die Kirche als Lebensgemeinschaft. Dies ist nicht auf Distanz möglich in der Weise, daß der Katechet sich selbst aus dem Spiel hält.

So betont Augustin, unmittelbar bevor er seine Modellkatechesen einführt, noch einmal, wie unterschiedlich er persönlich darauf anspreche, je nachdem, ob er es mit einem Leser- oder einem Hörerpublikum, mit einem kleinen oder großen, gemischten oder homogenen Kreis zu tun habe: „Es ist ganz unvermeidlich, daß die konkrete Hörerschaft den, der zu ihr reden will, gefühlsmäßig in unterschiedlicher Weise ‚berührt' und das, was er dann sagt, erst aus dieser Betroffenheit des Sprechenden durch die Hörer gewissermaßen sein Gesicht bekommt. Und ebenso rührt er dann seinerseits die Hörer unterschiedlich an, wie sie sich ja auch gegenseitig – bereits durch ihre bloße Gegenwart – unterschiedlich ansprechen. Was die Taufgespräche betrifft, kann ich von mir selber sagen, daß ich ganz unterschiedlich in Gang komme, je nachdem, ob ich einen Intellektuellen oder einen Analphabeten, einen Bürger unserer Stadt oder einen Fremden, einen Wohlhabenden oder einen Armen, einen Privatmann oder eine Figur des öffentlichen Lebens vor mir habe. Auch die Landsmannschaft, das Alter, das Geschlecht, der religiöse Hintergrund oder die schichtbedingten Vorurteile können mich in Bewegung bringen, und dementsprechend beginne und schließe ich anders und überlasse mich auch in der Durchführung ganz anderen Wegen."[8]

Wer sich aber einsetzt, setzt sich aus. Wer gewinnen will, riskiert Verluste. Darum liegt das Hauptproblem des Glaubensgesprächs für den Seelsorger darin, wie er die geheimen Widerstände und Ängste, den Mißerfolg und das Ungenügen verarbeitet oder, positiv gesagt, wie er den Mut zum Risiko und die Freude am Gespräch bewahren kann. Auf diesem Hintergrund verdienen die Erfahrungen Augustins in Erinnerung gerufen zu werden.

1. Probleme des Katecheten

Indem Augustin die Niedergeschlagenheit des Katecheten Deogratias ernst nimmt und analysiert, vermutet er eine erste Quelle der Verdrossenheit und des Mißerfolgs in der Schwerfälligkeit, mit der unsere Sprache dem nachhinkt, was wir sagen möchten. Was uns in bestimmten Zusammenhängen aufgegangen und wichtig geworden ist, läßt sich nicht beliebig reproduzieren. Weil uns aber gerade in der Situation des Taufgesprächs besonders am Hörer gelegen ist, „möchten wir so sprechen können, wie uns die Sache in dem Augenblick einleuchtet, wo wir eben wegen dieser Einsicht nicht zu sprechen vermögen; und weil uns das nicht gelingt, geraten wir in Beklemmung und gehen an unsere Arbeit, als sei sie umsonst; wir werden vom

Überdruß gequält, und infolge dieser Verdrossenheit wird unser Wort noch schwerfälliger und stumpfer, als es in dem Augenblick war, der zum Überdruß hinführte"[9].

Welchen Rat gibt Augustin in dieser Situation? Was sagt er dem, der darunter leidet, daß seine Worte fast nichts mehr mit dem zu tun haben, was er eigentlich sagen möchte?

Zunächst macht er ihm klar – und dies ist keine bloße Beschwichtigungsstrategie, sondern ein erster Überschritt aus der Befangenheit durch die eigene Perspektive –, daß das gleiche Gespräch von den beiden Partnern sehr unterschiedlich erlebt wird: „Laß dich nicht dadurch beunruhigen, daß du oft den Eindruck hast, dein Wort sei durchschnittlich und abgeschmackt. Denn es kann sein, daß es dem, den du unterwiesen hast, nicht so vorkam ... Aber mir zeigt dann häufig das Interesse derer, die mich hören wollen, daß mein Wort nicht so frostig ist, wie es mir vorkommt; aus ihrer Begeisterung ziehe ich den Schluß, daß sie doch etwas Brauchbares mitnehmen."[10]

Gleichwohl bleibt natürlich die Differenz zwischen dem, was einer sagen möchte, und dem, was er wirklich sagt; aber sie hat schließlich auch ihre christologische Dimension. Wie sehr nämlich unser Wortgestammel hinter unserer geistigen Erkenntnis zurückbleiben mag – unvergleichlich größer ist doch der Abstand zwischen der menschlichen Existenzweise Christi und seinem gottgleichen Wesen, und gleichwohl hat er sich in die Knechtsgestalt hinein entäußert (Phil 2, 6–8). „Weshalb tat er dies, wenn nicht, weil er mit den Schwachen schwach werden wollte, um die Schwachen zu retten (1 Kor 11, 22). Wie hätte er vermocht, sich für ihre Seelen hinzugeben (2 Kor 12, 15), wenn er sich gescheut hätte, sich auf ihre Ohren einzustellen? Darum ist er ein Kind in unserer Mitte geworden und wie eine Mutter, die ihre Kinder versorgt (1 Thess 2, 17). Ist es etwa – außer die Liebe verführt einen dazu – ein Vergnügen, Worte zu stammeln, die verkürzt und verstümmelt sind? Dennoch wünschen die Menschen sich Kinder, mit denen sie so umgehen. Einer Mutter macht es viel mehr Spaß, ihr Kind mit kleinen Häppchen zu füttern als selber zu essen. Und wir sollten auch nicht vergessen, wie eine Henne ihr Gelege mit feinen Federchen schützt und die piependen Jungen durch ihren halblauten Lockruf zusammenholt."[11]

Sentimentale Bilder für die kirchliche Praxis im Zeitalter einer Agrarkultur? Immerhin begegnet das Bild der Henne unter den Selbstprädikationen Jesu (vgl. Mt 23, 37), und im Blick auf die Initiations- und Konversionspraxis der letzten Jahrhunderte wird man auch fragen dürfen, ob die Kirche nicht gut daran getan hätte, für ihre „Gelege" mehr Achtsamkeit aufzubringen und ihre Stimme etwas zurückzunehmen, wenn sie mit ihren „Jungen" sprach.

Immerhin, auch wer der Argumentation Augustins beizupflichten bereit ist, mag einwenden, daß damit das Problem noch nicht gelöst, sondern in gewisser Weise erst gestellt ist. Entsteht nicht der Überdruß gerade dadurch, daß man gezwungen ist, im Taufgespräch ständig auf die elementarsten Wahrheiten zurückzugreifen, weil auf seiten des Hörers jede Voraussetzung fehlt? und Wie kann man mit dieser spezifischen Last der Anfängerkatechese fertig werden?

Augustinus ist wahrhaftig kompetent, diese Frage zu beantworten. Der große abendländische Theologe auf dem Bischofsstuhl einer verlorenen nordafrikanischen Hafenstadt spricht aus Erfahrung: „Wenn wir keine

Die Last des Taufgesprächs

Lust mehr haben, immer wieder Dinge in den Mund zu nehmen, die längst bekannt und eigentlich nur mehr für Kinder neu sind", so gibt es nur einen Ausweg, die Flucht nach vorn: „Passen wir uns diesen Kindern an in brüderlicher, väterlicher und mütterlicher Liebe, und wir werden sehen: wenn wir uns ihnen erst von Herzen zugewandt haben, erscheinen auch uns die vertrauten Dinge plötzlich neu."[12] Weil Augustinus hier aus Erfahrung spricht, kann er überzeugend verdeutlichen, was er meint.

Man kennt die Stadt und die Landschaft, in der men lebt, seit Jahren, und dann bekommt man plötzlich Besuch und führt ihn durch die Straßen. „Wird da nicht durch die Begeisterung, mit der die Fremden all das Neue bestaunen, auch unsere Freude neu geweckt, und zwar genau in dem Maß, als sie uns lieb sind? Denn durch die Zuneigung leben wir ein Stück weit in ihnen, und genau im selben Umfang entdecken wir neu, was uns alt und selbstverständlich geworden war."[13] Wenn aber wir Menschen in allem, was wir uns bei so einem Gang durch die Hafenstadt anschauen und worauf wir uns gegenseitig aufmerksam machen, letztlich zu Gott unterwegs sind, wieviel mehr Grund zur Freude haben wir, wenn uns zum Taufgespräch „die Menschen bereits mit der Absicht aufsuchen, den Gott unmittelbar kennenzulernen, dessentwegen man letztlich alles übrige auf der Welt kennenlernt? Und wieviel mehr dürfen wir hoffen, daß wir uns selber erneuern durch das, was sie Neues entdecken, und daß unsere Verkündigung durch ihre ungewöhnliche Aufmerksamkeit an Feuer zurückgewinnt, was sie in der Gewöhnung des Alltags verloren hat?"[14] Und wenn wir jemandem, der sich verlaufen hat, behilflich sein können, wie großzügig und munter durchqueren wir da die vertrauten

Straßen! Sollte uns nicht eine ähnliche und größere Genugtuung und Fröhlichkeit zuteil werden, wenn wir im Taufgespräch „die Wege wieder abschreiten, die wir unseretwegen nicht nochmals zurücklegen müßten, die aber einen Menschen, der unser Mitleid verdient, weil er von den Umwegen dieser Welt erschöpft ist, auf den Weg des Friedens führen – nach dem Willen dessen, der diesen Menschen an uns gewiesen hat"?[15]

Was Augustin in diesen Beispielen verdeutlicht, ist kein vager Appell an die Hochherzigkeit des Seelsorgers, sondern die präzise Beschreibung einer Erfahrung, die von der modernen Gesprächspsychologie in vollem Umfang bestätigt worden ist: erst die emotionale Zuwendung zum Hörer sichert kommunikatives Einverständnis, und wer sich in dieser Weise wirklich auf einen Menschen einläßt, geht selbst nicht leer aus[16]; das Lehrer-Schüler-Verhältnis schlägt um, der Gebende erfährt sich als der Beschenkte: „Wenn sich nämlich unsere Hörer davon betreffen lassen, daß wir sprechen, und wenn wir uns davon berühren lassen, daß sie uns zuhören, wohnen wir gewissermaßen ineinander. Und so kommt es, daß sie, was sie hören, gewissermaßen in uns sprechen und wir auf geheimnisvolle Weise in ihnen lernen, was wir lehren."[17]

2. Schwierigkeiten von seiten des Hörers

Freilich, der Gang des Gesprächs kann nicht nur durch die Einstellung und das Verhalten des Sprechenden, sondern auch von seiten des Hörers blockiert werden. Augustin kennt genau die Beklemmung, die sich auf den Seelsorger legt, wenn sein Zuhörer „sich überhaupt nicht rührt, weil er entweder durch nichts zu rühren ist oder weil er mit keiner Miene zu erkennen gibt, ob er verstanden hat und ob ihm gefällt, was wir sagen"[18]. Und seine Ratschläge sind ebenso realistisch wie entschieden: unter allen Umständen und mit allen Mitteln muß man ihn aus seiner Reserve locken[19].

Schweigt er aus Furcht oder Ehrfurcht, so kann man die übertriebenen Hemmungen durch liebenswürdige Worte der Ermutigung und durch eine brüderliche Gesprächsatmosphäre abbauen. Man muß ihn fragen, ob er verstanden habe, und ihn einladen, frei heraus zu sagen, was ihm widersprüchlich erscheint. Ebenso ist zu erfragen, was er schon kennt und was ihn deshalb vielleicht nicht mehr anspricht. Und je nach Antwort müssen wir ausführlicher oder gerafter sprechen, Einwände klären oder Zusammenhänge bewußt machen, eine gute Auswahl aus der Schrift treffen und vor allem beim Erzählen darauf achten, daß unsere Rede an Reiz gewinnt durch das, was wir da aufzeigen und entfalten[20]. Freilich, wenn der Hörer geistig einfach zu stumpf ist und dafür keinerlei Sinn hat, bleibt nur, ihn barmherzig zu ertragen und das Gespräch auf das Allernötigste zu beschränken. „Es ist dann richtiger, für ihn zu Gott als mit ihm über Gott zu sprechen."[21]

Das kommunikative Vermögen des Gesprächspartners entscheidet über die Ebene, den Stil und die Dauer des Gesprächs. Eine erstaunlich differenzierte Typologie der Taufbewerber und ihrer Motivation[22] soll den Katecheten sensibilisieren, damit er den Hörer nicht überfordert. Insbesondere muß er das Phänomen der Erschöpfung ernst nehmen. Hat nämlich jemand zu Anfang gern zugehört und ist nur vom Zuhören oder vom Stehen erschöpft[23], so muß man sorgen, daß er sich erholen kann: indem man sich ein wenig scherzhaft ausdrückt oder etwas Verwunderliches oder auch sehr Trauriges erzählt, und zwar auch durchaus auf seine Person bezogen, damit in ihm die Sorge um sich selbst wach wird und ihn wach macht. „Denn weil uns die Gründe unbekannt sind, weshalb er schweigt und uns nicht mehr zuhört ..., muß man etwas gegen die Gedanken sagen, die aus seinem Lebensbereich auf ihn einstürzen – wie gesagt, auf die lustige oder auf die ernste Art –, damit sie sich, wenn sie es waren, die seine Aufmerksamkeit fesselten, gewissermaßen beim Namen genannt, davonmachen. Aber so etwas muß rasch gehen, besonders, weil es nebenher gesagt ist, damit nicht die Krankheit, die wir kurieren möchten (der Überdruß), durch die Medizin noch schlimmer wird. Und dann muß man den Rest zügig abhandeln und ein frühes Ende des Gesprächs versprechen und einhalten."[24]

Natürlich gibt es Situationen, in denen man aneinander vorbeiredet oder sich sogar ernsthaft mißversteht – und auch dieses Risiko kann das Taufgespräch zu einer Last machen. „Alle hören und lesen wir lieber, was irgendwo – ohne daß wir uns darum sorgen und plagen mußten – gut gesagt ist, statt uns selbst im Gespräch auf eine fremde Mentalität einzustellen, wobei obendrein ungewiß bleibt, ob unsere Worte nun auch ausdrücken, was wir meinen, und auch, ob sie mit Gewinn aufgenommen werden."[25] Doch auch hier gilt es, genau zuzusehen und sich nicht durch undifferenzierte Befürchtungen die Freude am Gespräch nehmen zu lassen.

Haben wir uns nämlich nur in der Formulierung vergriffen, so soll ruhig der Hörer bei dieser Gelegenheit lernen, „wie wenig man darauf geben darf, daß etwas weniger vollständig oder weniger treffend gesagt worden ist, was immerhin so gesagt wurde, daß der Kern der Sache verstanden werden konnte"[26]. Haben wir uns dagegen in der Sache selbst geirrt, so muß man unterscheiden, ob der Fehler dem Hörer bewußt geworden ist oder nicht. Blieb er ihm verborgen, so kann man ihn gelegentlich aufarbeiten; wurde er dem Hörer dagegen zum Anstoß, so muß man zusehen, ob der Schaden – durch behutsame Korrektur – heilbar ist oder nicht. Stellt er sich als unheilbar heraus, so muß man sich am Beispiel des Herrn aufrichten, der auch nicht alle Ärgernisse vermeiden konnte[27].

Wenn Augustin am Ende der pastoralen Verhaltensalternativen den Blick wieder auf Christus hin lenkt, ist dies keine fromme Flucht; vielmehr nimmt er ernst, daß das Gespräch zwischen Menschen letztlich immer unverfügbar bleibt und, wenn es in ihm um Glaube und Unglaube geht, auch die Möglichkeit des Widerstands und der Ablehnung einbegreift. "Wenn wir daran denken und den Herrn in unser Herz rufen, werden wir den ungewissen Ausgang unserer Gespräche aufgrund der ungewissen Reaktionen unserer Hörer weniger fürchten ... und wenn wir gelassen und heiter hinnehmen, daß Gott durch uns spricht, so gut wir es können, werden wir mit größerer Zuversicht bitten, er möge zu uns sprechen, wie wir es wünschen. Und so geschieht es, daß denen, die Gott lieben, alle Dinge zum Guten gereichen (Röm 8,28)."[28]

3. Situative Störfaktoren

Die beiden letzten Gründe, die nach Augustins Erfahrung das Taufgespräch zu einer Last machen können, hängen mit dem Kasualcharakter der Taufe zusammen. Das Taufgespräch kommt auf den Seelsorger zu ohne Rücksicht auf seinen eigenen Zeitplan und auf seine Gemütsverfassung[29].

„Manchmal liegt der Grund zur Verdrossenheit auch darin: wir werden aus einer Beschäftigung herausgerissen, die wir brennend gern erledigen möchten, weil sie uns Spaß macht oder vordringlich zu sein scheint, und durch den Wunsch eines Vorgesetzten, den wir nicht brüskieren möchten, oder durch die Bettelei von ein paar Leuten, denen man einfach nicht mehr ausweichen kann, förmlich zur Katechese gezwungen. Dann gehen wir also schon mißmutig an eine Arbeit heran, die größte seelische Ausgeglichenheit fordert, und wir sind verärgert, weil man uns nicht unsere Arbeit der Reihe nach verrichten läßt, wie wir das für richtig halten, und weil wir infolgedessen nichts gründlich tun können."[29]

Es fällt auf, daß Augustin zu diesem Problemkreis keine psychologischen Hilfestellungen mehr anbietet. Offenbar ist der Interessenkonflikt, der hier ansteht, nicht mehr durch methodische Winke lösbar, sondern nur noch durch einen Rekurs auf das, was ein Seelsorger letztlich ist und auch sein will: Anwalt der Interessen Gottes am Menschen und d. h. der Interessen der Menschen selbst. „Wenn du bedrückt bist, daß du eine andere Tätigkeit abbrechen mußt, die wichtiger erschien und in die du dich schon vertieft hast, und wenn dein Gespräch unfreundlich ausfällt, eben weil du unzufrieden bist, so mußt du dir klarmachen: Wo immer wir uns auf Menschen einlassen, müssen wir ihnen barmherzig und in absolut lauterer Güte begegnen. Zudem ist ja durchaus ungewiß, was wir am günstigsten tun und was wir für den Augenblick oder überhaupt unterlassen sollten."[30] Wissen wir denn, was die Menschen, denen wir uns widmen, vor Gott wert sind, und können wir sagen, was sie in einem bestimmten Augenblick weiterbringt? Also müssen wir zwar unsere Arbeit planen, wenn sich aber unvorhersehbare Dinge einstellen, die unseren Plan umwerfen, sollten wir uns leicht umstellen, um nicht selbst umgebrochen zu werden[31]. Letztlich plant der am besten, der am meisten fähig bleibt, die Prioritäten wahrzunehmen und gelten zu lassen, die Gott setzt; denn „vielerlei Überlegungen gehen durch des Menschen Herz; aber Gottes Ratschluß bleibt in Ewigkeit" (Spr 19,21)[32].

Gleichermaßen aus dem Glauben allein ist die Niedergeschlagenheit zu bewältigen, die uns aufgrund seelsorglicher Enttäuschungen oder aufgrund eigenen Versagens unfähig macht, beim Taufgespräch freundlich und ausgeglichen zu sein.

Abfall und Interesselosigkeit in der Gemeinde machen gewiß traurig, aber wenn die Liebe zu den Menschen, für die Christus starb, uns wirklich bewegt, kann der neue Taufbewerber, der in der Tür steht, auch helfen, die Traurigkeit zu überwinden, so daß es uns geht wie einem Kaufmann, der seine Verluste dadurch verschmerzt, daß er neue Gewinne macht. Und zwar kann gerade das Wissen um die Gefahr der Mittelmäßigkeit und des Abfalls uns zu einem engagierteren Gespräch antreiben. „Wir werden unseren Gesprächspartner davor warnen, dem Beispiel derer zu folgen, die nur dem Namen nach, aber nicht in Wirklichkeit Christen sind; wir werden ihm die Entscheidung nicht ersparen, ob er sich von ihrer Zahl beeindrucken lassen, ihnen folgen und ihretwegen Christus nicht mehr nachfolgen will; ferner ob er sich lieber nicht der Kirche Gottes anschließt, in der sie Platz haben, oder ob er in ihr als einer von ihnen leben will. Und es fragt sich, ob unser Wort unter dem Eindruck dessen, was uns schmerzt, sehr viel leidenschaftlicher werden kann, so daß wir ... engagierter und brennender vertreten, was wir ohne die Erschütterung unserer eigenen Sicherheit vielleicht viel zu kühl und zu schleppend sagen würden. Also müssen wir uns eigentlich darüber freuen, daß uns das Taufgespräch die Gelegenheit gibt, eine Erschütterung unseres Innern nicht abklingen zu lassen, ohne sie fruchtbar zu machen." [33]

Der gleiche Weg ist einzuschlagen, wenn unsere Traurigkeit aus unserem eigenen Versagen herrührt, wenn wir im Innern verletzt sind und doch zu niemandem von dem sprechen können, was uns quält, während man uns bittet: Komm, sprich mit dem und dem, er will Christ werden[34]. Auch hier müssen wir uns über das Taufgespräch freuen als über eine Gelegenheit, die eigene Schuld durch Barmherzigkeit auszulöschen. Gott will ja „Barmherzigkeit und nicht Opfer" (Hos 6,6); ein zerknirschtes Herz ist ihm die Opfergabe, die ihm gefällt (Ps 50,19), und wie das Wasser das Feuer, so löscht das Almosen die Schuld aus (Sir 3,30)[35].

Also ist nicht einmal die Situation tatsächlicher Schuld, die uns wie eine düstere Wolke überschattet, Grund genug, uns die Freude am Glaubensgespräch zu nehmen.

4. Zusammenfassung

Gewiß hieße es, einen Text des vierten Jahrhunderts überfordern, wollte man in ihm schlechthin alle unsere Probleme artikuliert und beantwortet sehen. Zu den von Augustin beschriebenen Quellen der Unlust und des Versagens müßten, wollte man eine einigermaßen vollständige Phänomenologie der Last des heutigen Taufgesprächs schreiben, die spezifisch neuzeitliche Hast, die innere Leere, die sprachliche Verlegenheit und Verunsicherung des Seelsorgers in einer nachchristlichen Welt und anderes mehr genannt werden.

Gleichwohl überrascht das hohe Maß an Problemkonvergenz. Pastoralpsychologische Nüchternheit, Einfühlungsvermögen, Aufrichtigkeit und Respekt vor dem Partner sind nicht erst gegenüber dem modernen Menschen Voraussetzung für eine fruchtbare Initiation. Daß Augustins kleines Buch im Verlauf der Verkündigungsgeschichte der Kirche im Grunde wenig Beachtung fand[36] und in seiner pastoralpsychologischen Sensibilität erst heute gewürdigt wird, läßt ahnen, was wir noch zu lernen haben. Ohne Frage werden die Chancen des Glaubensgesprächs, das auf den Empfang der Initiationssakramente vorbereitet, entscheidend davon abhängen, ob wir die Schwierigkeiten, die sich uns stellen, in der Weise angehen, zu der Augustin anleiten möchte: durch eine bedingungslos positive Zuwendung zum Menschen, die alle Kommunikationsbarrieren unterläuft und selbst das eigene Versagen ausgleicht und heilt. Solche Liebe zum Menschen ist ein immer begehbarer und jedenfalls richtiger Weg. Ihr Kriterium ist ihre Anpassungsfähigkeit, denn darin, daß sie dem einzelnen Rechnung trägt, erweist sie sich als die Liebe, die nicht sich selbst sucht: „Mit den einen ist sie kindlich, mit den anderen schwach; die einen sucht sie aufzurichten, die andern nicht zu überfordern; zu den einen neigt sie sich, zu den andern streckt sie sich, den einen ist sie gütig, zu den andern streng, keinem ist sie Feind, allen ist sie Mutter."[37]

Aus solcher Zuwendung erwächst die Heiterkeit, die aller Verkündigung den Grundton geben muß: „Mit derlei Überlegungen und Erwägungen läßt sich die finstere Verdrossenheit verjagen, und wir gewinnen die richtige Einstellung für das Taufgespräch; es wird lokker, weil es nicht aus der Anstrengung, sondern aus dem Reichtum hervorbricht, den wir die Liebe nennen, heiter und wie selbstverständlich."[38]

Solche Liebe steht freilich nicht einfach in unserer Verfügung, sondern im Erbarmen Gottes, der den fröhlichen Geber liebt[39]. Wer das, wovon Augustin redet, selbst nicht erfahren hat – dank solcher Liebe –, mag weiterhin glauben, „Erfolg" bei der Verkündigung sei Begabungssache; Augustin selbst scheut sich nicht, abschließend anzudeuten, von woher er die Last des Taufgesprächs letztlich zu ertragen vermag: „Gott, vor dessen Angesicht das Seufzen derer dringt, die beladen sind (Ps 87,11), sehe an unsere Demut und unsere Mühe und vergebe uns alle unsere Sünden (Ps 24,18)."[40]

VII

Herr, deine Weisheit sei bei mir und teile mit mir alle Mühe

Eine Meditation zu Weish 9,1–6.9–11
vor Theologiestudenten

Warum rührt mich diese Bitte im Innern an? Weil hier anerkannt wird, daß ich mir Mühe gebe und ich eingeladen werde, dies auch vor Gott auszusprechen. Es ist ja nicht eine Mühe, die mich zufällig belastet. Ich muß damit rechnen, daß diese Mühe lebenslang bleibt. Ich muß mich darauf einstellen, lebenslang mit halb so viel Mühe eigentlich ausgelastet zu sein.

Dies setzt das Gebet schlicht als Tatsache voraus und ermutigt mich, um die Weisheit als um eine Freundin zu bitten, die „alle meine Mühe teilt", mit mir überlegt, mich berät, mich auffängt, wenn ich es alleine nicht schaffe – wie die Gefährtin, die Gott dem Adam erschaffen hat.

Was ist denn meine Mühe?

Versuchen wir, so konkret zu sein wie möglich. Die Mühe des Theologen ist die Kopfarbeit, der ständige Umgang mit Ideen und Büchern und Papier.

Mühselig ist er wegen der Überfülle der Fragestellungen, wegen der Überfülle der Bücher, Zeitschriften und Lexika, die mich beim Betreten des Lesesaals anschauen und sagen: „Ich bin so wichtig, es hat so viel

Energie und Geld gekostet, bis ich hierhin zu stehen kam – und du hast mich immer noch nicht gelesen!"

Mühselig ist das Theologiestudium wegen der unerhörten Hypothek der Vergangenheit, wegen des Adels der Fragestellungen, die alle so viel genauer ausgearbeitet sind als meine eigenen Fragen und so viel mehr Renommée haben als meine eigenen Gedanken; die mir darum gelegentlich den Mut nehmen, überhaupt noch eigene Fragen zu stellen. Nur so ist es ja zu verstehen, daß wir mit vielen Fragen ins Theologiestudium eintreten und daß uns, je länger wir studieren, um so mehr die Fragen ausgehen:

„Ich bin ja dein Knecht, der Sohn deiner Magd, ein schwacher Mensch, dessen Leben nur kurz ist, und gering ist meine Einsicht in Recht und Gesetz." (Vers 5)

Die Theologie ist ein Faß ohne Boden. Man muß immer aufhören, wenn es gerade interessant wird. Kaum kennt man sich in einer Disziplin ein wenig aus, wird man – weil das Leben (und entsprechend die Ausbildungszeit) kurz ist – schon in eine andere Disziplin hineingedrängt: aus der Exegese in die Religionspädagogik, aus der Philosophie in die Moraltheologie. Das erste, was man dort lernt, ist wieder, daß man noch gar nichts weiß.

Kaum habe ich mich in die Komplexität historischer Entwicklungsgänge eingearbeitet und mir einige wichtige geistesgeschichtliche Linien zu eigen gemacht, konfrontiert mich die Praktische Theologie mit der neuen Komplexität der Humanwissenschaften, mit einer Fülle von Datenmaterial, das zu beurteilen ich nicht fähig bin, weil ich nicht weiß, unter welchen Bedingungen es gewonnen wurde und unter welchen Voraussetzungen es Geltung beanspruchen kann.

Vor allem aber ist dieses Studium mühselig wegen seiner Einseitigkeit: der Kopf wird ständig gefordert, aber der Mut, die Phantasie, die soziale Verantwortung, die Fähigkeit zu weinen und zu lachen, zu streiten und Kompromisse auszuhandeln liegt über Jahre brach. Und wenn ich vielleicht mit äußerster Energie ein guter Theologe geworden bin, erlebe ich mich vor der eigenen Berufsentscheidung, vor dem Tod, der in meiner Familie einschlägt, in der inneren Auseinandersetzung um einen anderen Menschen, den ich liebgewinne, ohnmächtig und unfähig, mein Wissen auf mich selber anzuwenden. Dieses Wissen kann mich nicht trösten, wenn ich mir selber fremd geworden bin oder wenn ich mich von anderen nicht angenommen fühle.

„Wäre einer auch vollkommen (perfekt) unter den Menschen – er wird kein Ansehen genießen, wenn ihm deine Weisheit fehlt." (Vers 7).

Ansehen genießt, wen man gerne anschaut, mag, mit wem man gern zusammen ist. Ansehen genießt, auf wen Verlaß ist, wer belastbar ist, wer furchtlos ist, wer in vertrackten Situationen ruhig Blut bewahrt und auf eine überraschende Lösung kommt.

Nicht von ungefähr wird uns dieser Weisheitstext als ein Gebet Salomons überliefert, d.h. als ein Gebet eines Menschen, der in politischer Verantwortung steht und deshalb ständig Entscheidungen treffen muß auf der Basis unzureichender Daten. Die Lebensweisheit, die praktische Intelligenz, das Kalkül, das Augenmaß, dessen ein solcher Mensch bedarf, läßt erst erkennen, wie fragmentarisch, wie schwach und schutzbedürftig rein intellektuelles Wissen ist; wie ahnungslos es bei aller Differenziertheit sein kann, wo es den Anschluß an den Lebenszusammenhang verliert.

Was also ist meine Mühe? Vor lauter Bäumen den Wald nicht mehr zu sehen; mit wachsender Fachkompetenz immer mehr den Lebenszusammenhang aus den Augen zu verlieren; mit wachsender methodischer Sicherheit immer mehr Spontaneität zu verlieren.
Und was ist „deine Weisheit"?

„Mit dir ist die Weisheit, die deine Werke kennt und die zugegen war, als du die Welt schufst. Sie weiß, was dir gefällt und was recht ist nach deinen Geboten." (Vers 9)

Die Weisheit Gottes ist kein partikuläres Aspektwissen, sondern ein Wissen um das Ganze. Sie war zugegen, als Gott die Welt in ihrer Differenziertheit erschuf. Also liegt sie der Scheidung zwischen Tag und Nacht, zwischen Meer und Land, zwischen Mann und Frau, zwischen Intellekt und Gemüt vorauf. Sie hat diese Gegensätze gesetzt, in ihrer Gegenseitigkeit gewollt. Sie läßt die Gegensätze, zwischen denen wir uns aufreiben, koexistieren und durchherrscht sie, durchgeistigt sie, hält sie beieinander. Gottes Weisheit ist nicht punktuell und nicht bewußtlos, sondern es ist die Weisheit, die die Zeit gemacht hat; sie kann deshalb auch die Zeit in Rechnung stellen, sie bringt die Geduld auf, wachsen zu lassen, sie vermag das Unkalkulierbare ins Kalkül einzubeziehen. Darum bringt sie die Nerven auf, Unkraut und Weizen zusammen aufwachsen zu lassen.

„Sie weiß, was dir gefällt und was recht ist nach deinen Geboten." (Vers 9 b)

Gott weiß nicht nur, was er weiß, sondern er weiß, was ihm gefällt. Darum ist er weise. Die Gesetze, die er unserer Welt eingestiftet hat, haben nicht nur im Sinn, daß die Welt gut ist, sondern daß sie schön ist. „Was recht ist nach deinen Geboten" ist das, was stimmig ist, was lohnt, was Wachstum bringt, was in der Freude und im gelungenen Leben aufgipfelt. Weil sie nicht nur an der Wahrheit interessiert ist, sondern daran, daß das Leben gelingt und „gefällt", ist die Weisheit weiblich. Darum erbittet sie sich Salomon als Gefährtin:

> *„Sende sie vom heiligen Himmel und schicke sie vom Thron deiner Herrlichkeit, damit sie bei mir sei und alle Mühe mit mir teile und damit ich erkenne, was dir gefällt."* (Vers 10)

Dieser Sinn für das Ganze ist nicht unsere Sache, sondern Gottes Vermögen, weil wir immer perspektivisch verzerrt denken und empfinden, punktuell, dem Augenblick ausgeliefert, dem was uns jetzt plausibel erscheint und dem was jetzt als Stimmung der Zuversicht oder der Verdrossenheit, als Angst oder als Kraftgefühl aus unserem Unterbewußten auftaucht. Der Sinn für das Ganze ist etwas, das wir nur als Geschenk erbitten können von dem, der das Ganze verantwortet und in seinen Händen hält. Der Sinn für das Ganze kann uns aber – gewissermaßen leihweise – „verliehen" werden, als Mitgift Gottes oder noch besser: als Gefährtin. Was sie bei mir ausrichtet, beschreibt der letzte Satz:

> *„Denn sie weiß und versteht alles; sie wird mich in meinem Tun besonnen leiten und mich in ihrem Lichtglanz schützen."*

Ob es nicht sehr wichtig wäre, in der Anstrengung des Gedankens, in der Mühe des Verstehens fremder Gedanken, in der Einsamkeit des Ausdenkens neuer Gedanken innezuhalten und sich darauf zu besinnen, daß es einen gibt – Gott – der alles weiß und versteht. Eine solche Besinnung erspart uns nicht das weitere Nachdenken, aber sie könnte uns gelassen machen, uns davor bewahren durchzudrehen, uns verrückt zu machen, uns in der Rücksichtslosigkeit des Eifers selber zu schaden.

„Sie wird mich in meinem Tun besonnen leiten."

Die Weisheit Gottes ist sanft. Sie läßt sich nicht hetzen und hetzt niemand anderen. Sie läßt mir die Besinnungspausen, die nötig sind, damit meine Entscheidungen nicht nur mit dem Kopf fallen, sondern so, daß sich auch meine Gefühle abklären können. Sie leitet mich an, jeden Schritt, den ich tue, ganz zu tun, die Gedankenschritte genauso wie die Schritte der Entscheidung, die mein Leben ausmachen.

„Und sie wird mich in ihrem Lichtglanz schützen."

Das Licht, das diese Weisheit mir schenkt, ist nicht nur ein Licht auf meinem Weg, damit ich sehe, wo es lang geht. Sie ist ein Lichtmantel, der mich schützt, weil sie mich sanft macht. Sie schützt mich vor den andern und sie schützt mich vor mir selbst: daß ich mich der Faszination des Intellektuellen nicht einfach verschreibe, sondern all das andere, was auch in mir lebendig ist, das Warmherzige, die weiblichen Anteile in mir, den Spieltrieb, die kindliche Spontaneität, das Bedürfnis nach Zärtlichkeit, das Bedürfnis zu verweilen und zu empfangen ebenso gelten lasse als etwas, das Gott, der Herr des Erbarmens durch sein Wort gemacht hat und durch mich, sein Geschöpf, in dieser Welt geschützt sehen möchte:

„Gott der Väter und Herr des Erbarmens, du hast das All durch dein Wort gemacht. Den Menschen hast du durch deine Weisheit erschaffen, daß er über deine Geschöpfe herrsche. Er soll die Welt in Heiligkeit und Gerechtigkeit leiten und Gericht halten in rechter Gesinnung. Gib mir die Weisheit, die an deiner Seite thront und verstoß mich nicht aus der Schar deiner Kinder." (Vers 1–4)

Anmerkungen

I. Seelsorge als Gastfreundschaft

[1] Vgl. dazu auf dem Hintergrund der Synodenumfragen F. X. *Kaufmann*, Kirche begreifen, Freiburg 1979; L. *Bertsch* – F. *Schlösser* (Hrsg.), Kirchliche und nichtkirchliche Religiosität, Freiburg 1978.

[2] Gutes Gespür für das pastorale Gewicht dieses Themas gerade in einer Diasporasituation verrät das Katholische Hausbuch des St. Benno-Verlags: „Gäste Gottes und der Menschen". Ein Buch von der Gastfreundschaft, Leipzig 1978. Ich verdanke wichtige Anstöße H. J. M. *Nouwen*, Der dreifache Weg, Freiburg 1984.

[3] Die fremden Mitbürger, hrsg. v. H. Esser, Düsseldorf 1983; Mobilität heute. Aufgaben und Chancen für Caritas und Pastoral, in: Caritas 80 (1979) 61–119 (Themenheft); Vom Umgang mit Fremden. Erfahrungen und Anregungen zur Interkulturellen Kommunikation. Schriftenreihe der Internat. Arbeitsgem. f. Kommunikationspädagogik, Heft 5, Ludwigshafen 1984. H. *Leuninger,* Unsere neuen Gastfeinde. Wachsende Aggressionen gegen Ausländer, in: Evangelische Kommentare 15 (1982) 664–666; Muslime unter uns. Ein Prüfstein für christliches Handeln, hrsg. v. K. Barwig – K. Ph. Seif, München 1983.

[4] Päpstliche Kommission für Auswanderungsfragen und Tourismus: Kirche und Menschen unterwegs, Vatikanstadt 1978; Muslime in Deutschland. Arbeitshilfen, hrsg. vom Sekretariat der Deutschen Bischofskonferenz Nr. 26 (Juni 1982); Kirche und Ausländer (1982); Dokumentation der Stellungnahmen des Ausländerreferenten der Deutschen Bischofskonferenz, Helmut Hermann Wittler, Bischof von Osnabrück, Nov. 1981 – Juni 1982; Zur Bildung und Lebenssituation der ausländischen Kinder und Jugendlichen. Erklärung des Zentralkomitees der Deutschen Katholiken (9. Dez. 1981); Probleme ausländischer Kinder in deutschen Schulen. Kath. Elternschaft Deutschlands (Essen, Juli 1982).

[5] J. *Höffner,* Pastoral der Kirchenfremden, hrsg. vom Sekretariat der Deutschen Bischofskonferenz, Bonn 1979.

⁶ *Nouwen* 58. – Wir machen uns ja viel zu wenig klar, wie wenig wir gewissermaßen aus dem Stand heraus an Gott denken, sondern in der Form der Erinnerung, der Fortschreibung unserer von Kind an religiös geprägten Biographie.
⁷ *R. Friedli,* Fremdheit als Heimat, Zürich 1974; *M. Mauss,* Die Gabe. Form und Funktion des Austausches in archaischen Gesellschaften, Frankfurt ³1984; *E. Lévinas,* Die Spur des Anderen, Freiburg 1983.
⁸ Vgl. dazu *E. v. Severus,* Fremde beherbergen, Heidelberg 1947; *H. Rusche,* Gastfreundschaft in der Verkündigung des NT und ihr Verhältnis zur Mission, Münster 1958; *E. Neuhäusler,* Art. Gastfreundschaft, in: LThK IV (1960) 526 f.; *M. Puzicha,* Gastfreundschaft in der Benediktusregel, Münster 1979. *Th. Schuler,* Ungleiche Gastlichkeit. Das karolingische Benediktinerkloster, seine Gäste und die christlich-monastische Norm, Diss. Bielefeld 1979.
⁹ *R. Zerfaß,* Gastfreundschaft – Menschen in unser Leben hineinnehmen, in: Mehr Leben als du ahnst, hrsg. v. O. H. Pesch, Mainz 1981, 33–46.
¹⁰ Siehe oben Anm. 2; ferner *Chr. Elsas,* Ausländische Arbeitnehmer als Gäste christlicher Kirchengemeinden in Berlin, in: Theologia Practica 15 (1980) 18–27; als innovatorisches Element der Gemeindearbeit eines ganzen Jahres erweist sich das Bemühen um die ausländischen Arbeitnehmer bei *H. M. Schulz,* Wenn du mit meinen Augen siehst, Mainz 1980. Vgl. ferner die Praxisberichte in: Mitten in der Welt 20 (1981) 1–64, sowie in: *N. Mette* (Hrsg.), Wie wir Gemeinde wurden. Mainz 1982, 169–194.
¹¹ Anregungen zur Seelsorge im Hotel und Gastgewerbe, hrsg. v. H. Schönig, Augsburg 1979; s. o. Anm. 3 und 4; *B. Gottlob,* Die Missionare der ausländischen Arbeitnehmer in Deutschland, München 1978; *K. Richter,* Die katholische Kirche und die ausländischen Arbeitnehmer. Die Ausländerpastoral und ihre Bedeutung für die deutsche Ortsgemeinde, Altenberge 1984.
¹² Vgl. *R. Zerfaß,* Die Kirchenführung in der Urlauberseelsorge, in: Diakonia 8 (1977) 167–178.
¹³ *Nouwen,* a. a. O. (s. o. Anm. 1) 58 f.
¹⁴ Ebd. 66.
¹⁵ Ebd. 65.
¹⁶ Ebd.
¹⁷ Ebd. 92. Solche Fähigkeit zur Begegnung setzt durchaus voraus, daß man selber weiß, wo man hingehört; vgl. ebd. 93–95.
¹⁸ Diognetbrief (ca. 250) in: Die Feier des Stundengebetes, Lektionar I 3, Freiburg u. a. 1979, 149–151.
¹⁹ *Hans van der Geest,* Der Hausbesuch als Kennzeichen der Seelsorge, in: Diakonia 10 (1979) 292–301.

II. Die menschliche Situation des Priesters heute

[1] *H. Zahrnt,* Warum ich glaube, München 1977, 56f.
[2] *F. X. Kaufmann,* Kirche begreifen. Analysen und Thesen zur gesellschaftlichen Verfassung des Christentums, Freiburg 1979; *ders.,* Die Hyperthrophie des Wirtschaftlichen – oder: Was dem Fortschritt fehlt (Referat R. C. Bielefeld-Süd 23./24. 2. 1981).
[3] *M. Josuttis,* Der Pfarrer und der Erfolg, in: Theologie und Handeln, hrsg. v. Ottmar Fuchs, Düsseldorf 1984, 164–176; *ders.,* Der Pfarrer ist anders. Aspekte einer zeitgenössischen Pastoraltheologie, München 1982.
[4] *M. Luther,* Großer Katechismus (1529), Bonner Ausgabe IV; 4, 21–32.
[5] *A. v. Eiff* (Hrsg.), Streß, Stuttgart 1980. Zur Arbeitsüberlastung der Priester vgl. das Forum in: Diakonia 11 (1980) 421–427 und *G. Heinemann,* Zur gegenwärtigen Situation der Priester in Deutschland, in: Lebendige Seelsorge 33 (1982) 165–169. Vgl. auch *N. Friedman* – *R. H. Rosenman,* Der A-Typ und der B-Typ, Reinbek 1975; *J. B. Rohrlich,* Arbeit und Liebe. Auf der Suche nach dem Gleichgewicht, München 1982.
[6] *P. Watzlawick* u.a., Lösungen, Bern u.a. 1974, ders., Anleitung zum Unglücklichsein, Frankfurt 1983.
[7] *Sh. B. Kopp,* Triffst du Buddha unterwegs (Fischer TB 3374).
[8] *Johannes XXIII.,* Worte der Güte, Freiburg 1974.
[9] *W. Thissen,* Der Augenblick ist mein. Für einen menschlichen Umgang mit der Zeit, Freiburg 1984. Lesenswert auch *Sten Nadolny,* Die Entdeckung der Langsamkeit. Roman, München 1983.
[10] Zum Hintergrund s. u. S. 86f. Vgl. auch *H. Peukert,* Über die Zukunft von Bildung, in: Frankfurter Hefte, FH-extra 6 (1984) 129–137.
[11] *B. Honsel,* Der rote Punkt, Düsseldorf 1983; vgl. auch *R. Zerfaß,* Predigt und Gemeinde, in: Trierer Theologische Zeitschrift 92 (1983) 89–104.
[12] *R. Zerfaß,* Gemeinde als Ort der Hoffnung, in: Diakonia 15 (1984) 32–41; *ders.,* Ein Arbeitspapier zur Aktivierung basiskirchlichen Bewußtseins in unseren Pfarr- bzw. Kirchengemeinden, in: N. Mette (Hrsg.), Wie wir Gemeinde wurden, München 1982, 16–23; *H. Nouwen,* Der dreifache Weg, Freiburg 1984, 72–95.
[13] *G. Bernanos,* Das Haus der Lebenden und der Toten (zit. in: G. Bernanos in Selbstzeugnissen und Bilddokumenten. Rowohlts Monographien 10, 14).
[14] Beuroner Kunstverlag, Best. Nr. 5227.
[15] *J. Jacobi,* Die Psychologie von C. G. Jung, Zürich [5]1959, 168–192; *M. L. von Franz,* Der Individuationsprozeß, in: C. G. Jung. Der Mensch und seine Symbole, Olten – Freiburg 1968, 177–188; *E. Dre-*

wermann, Psychoanalyse und Moraltheologie, 2 Bde., Mainz 1982 f., I, 35 f.

[16] Zur Schattenproblematik vgl. *Jacobi* 168–176; *von Franz* 168–177; *Drewermann* I 33–39; *Sh. B. Kopp*, Kopfunter hängend sehe ich alles anders. Psychotherapie und die Kräfte des Dunkels, Düsseldorf 1982; *V. Kast*, Chancen des Scheiterns, in: P. M. Pflüger (Hrsg.), Grenzen in Seelsorge und Psychotherapie, Fellbach 1982, 45–63.

[17] *Drewermann* I, 19–79; II, 77–138. Diese außerordentlich mutigen und befreienden Überlegungen Drewermanns verdienten ausführlich von Seelsorgern diskutiert zu werden!

[18] *J. Tauler*, Predigten I, Einsiedeln 1979, 43 f.

[19] Vgl. die Kurse von Rektor Hans Wittmann, Haus Werdenfels, 8411 Eichhofen (bei Regensburg), die in vernünftiger Weise Seelsorgsplanung mit spiritueller Lebensorientierung verbinden; ferner die geistlich orientierten Kurse für Selbsterfahrung, wie sie u. a. angeboten werden von P. Thomas Kaschten (Luxemburg/Kath. Akademie Trier), P. Dr. Karl Frielingsdorf SJ (St. Georgen, Offenbacher Landstraße 244, Frankfurt), Sr. Dr. Josefine Heyer (Weinbergsweg 60, 6380 Bad Homburg) sowie beim Institut für Missionarische Seelsorge (IMS) (Waldschmidtstraße 42 a, Frankfurt), beim Theologisch-Pastoralen Institut (TPI) (Dagobertstraße 1 a, Mainz) und durch die Theologische Fortbildung in Freising (Domberg 27).

[20] *H. Krahl*, Darum hat Gott ihn erhöht. Bilder und Texte zur Passion Freiburg 1984.

III. Priester und Laien in der Seelsorge

[1] „Zur Ordnung der pastoralen Dienste" (2. März 1977), Reihe: Hirtenschreiben der deutschen Bischöfe, hrsg. vom Sekretariat der Deutschen Bischofskonferenz.

[2] Ebd. 38.

[3] Ebd. 17.

[4] Sie beziehen sich besonders auf die Unterscheidung von „Amt" und „Dienst", „Heilsdienst" und „Weltdienst" und die dahinterstehende Entscheidung, unter keinen Umständen ein Amt ohne Weihe zu schaffen. Vgl. *J. Bommer*, Priester, Diakon, Laientheologe, in: Benzberger Protokolle Nr. 17, Laientheologen im pastoralen Dienst. Standortbestimmung und Trends, Benzberg 1976; *O. Fuchs*, Laien in pastoralen Berufen der Kirche, in: Diakonia 10 (1979) 221–236; *G. Greshake*, Der theologische Ort des Pastoralreferenten und sein Dienst, in: Lebendige Seelsorge 29 (1978) 18–27; *P. Hünermann*, Ordo in neuer Ordnung. Dogmatische Überlegungen zur Frage der Ämter und Dienste in der Kirche heute, in: F. Klostermann (Hrsg.), Der Priestermangel und seine Konsequenzen. Einheit und Vielfalt

der kirchlichen Ämter und Dienste, Düsseldorf 1977, 58–94; *L. Karrer*, Zehn Jahre Laientheologen in der Seelsorge, in: Orientierung 43 (1979) 261–265; *H. J. Pottmeyer*, Die Zuordnung von Laie und Priester im pastoralen Dienst, in: Lebendige Seelsorge 29 (1978) 9–18.
[5] Zur Ordnung der pastoralen Dienste 7.
[6] Ebd. 8.
[7] Zu dieser Form der Erschließung biblischer Texte vgl. *W. Wink*, Bibelauslegung als Interaktion, Stuttgart 1976; Zugänge zu biblischen Texten. Eine Lesehilfe zur Bibel für die Grundschule, Düsseldorf 1980; Neue Wege der Verkündigung, hrsg. v. P. Düsterfeld, Düsseldorf 1983; *H. Frankemölle*, Biblische Handlungsanweisungen, Mainz 1983.
[8] Vgl. *R. Zerfaß*, Herrschaftsfreie Kommunikation – eine Forderung an die kirchliche Verkündigung, in: Diakonia 4 (1973) 339–350.
[9] *J. B. Metz*, Glaube in Geschichte und Gesellschaft. Studien zu einer praktischen Fundamentaltheologie, Mainz 1977, 57 f.
[10] Vgl. *H. Peukert*, Sprache der Freiheit, in: F. Kamphaus – R. Zerfaß (Hrsg.), Ethische Predigt und Alltagsverhalten (Praxis der Kirche 25), München – Mainz 1977, 44–75. Ferner *K. Schäfer*, Jesu indirekte und praktische Rede von Gott, in: Concilium 8 (1972) 424–428 sowie *P. Hoffmann*, „Er weiß, was ihr braucht" (Mt 6,7). Jesu einfache und konkrete Rede von Gott, in: Ich will euer Gott werden (Stuttgarter Bibelstudien 100), Stuttgart 1981, 153–176.
[11] Das Kirchliche Amtsblatt für das Bistum Fulda, Nr. 111/1984: „Der Titel ‚Seelsorger' ist geschützt. Aus gegebenem Anlaß machen wir alle im pastoralen Dienst stehenden Mitarbeiterinnen und Mitarbeiter im Laienstand, sei es, daß sie in Gemeinden, außerpfarrlich oder in kirchlichen Verbänden angestellt sind, darauf aufmerksam, daß niemand von ihnen den Titel ‚Seelsorger(-in)' in Anspruch nehmen darf und dies auch nicht in Verbindungen wie Krankenhaus-Seelsorger u. dgl. Diese Bezeichnung ist den Priestern vorbehalten, die die hl. Weihe empfangen haben. Die Mitarbeiter in der Seelsorge, wozu die Laien berufen werden und kraft Taufe und Firmung befähigt sind, verleiht nicht den Anspruch oder das Recht, den Titel ‚Seelsorger(-in)' zu führen."
Dieser Erlaß wurde bisher von den Bistümern Augsburg und Regensburg übernommen – gegen die Empfehlung der Pastoralkommission der Deutschen Bischofskonferenz.
[12] *H. W. Gärtner*, Individualseelsorge in der Alten Kirche, in: Wege zum Menschen 34 (1982) 95–101; *K. Gastgeber*, Die westliche Tradition der Einzelseelsorge, in: Lebendige Seelsorge 34 (1983) 103–108.
[13] *M. Schmid*, Ars moriendi, in: Arzt und Christ 21 1975) 13–27; *R. Rudolf*, Ars moriendi. Von der Kunst des heilsamen Lebens und Sterbens, Köln 1957; *P. Neher*, Wen etwan die schmertzen groß und

die züge lang fallen. Sterbebegleitung des 16./17. Jahrhunderts im Blick auf die Gegenwart. Diplomarbeit Würzburg 1981 (Ms.).

[14] Die oben Anm. 11 zitierte Order lebt von Mißverständnissen, die sich aus der unterschiedlichen Sprachtradition im katholischen und evangelischen Raum, im klassischen Kirchenrecht und in der neueren pastoraltheologischen Theorieentwicklung ergeben. Im evangelischen Sprachgebrauch bezeichnet „Seelsorge" die Zuwendung zum einzelnen Menschen (sog. „Einzelseelsorge"). Im älteren, vom Kirchenrecht geprägten katholischen Sprachgebrauch gilt: Seelsorge = Pastoral = cura animarum = Hirtenamt = das Gesamt der Jurisdiktionsgewalt auf Gemeindeebene, die selbstverständlich nur geweihten Priestern übertragen wird; der Laie erscheint ausschließlich als Objekt und Empfänger von Seelsorge. Im neueren, vom Konzil geschaffenen Sprachgebrauch meint Pastoral die Aufmerksamkeit, das Engagement und die Verantwortung der Kirche gegenüber dem Menschen als solchen, d. h. als einer konkreten Herausforderung und unableitbaren Autorität für die Kirche selbst: Der Weg der Kirche ist der Mensch (Johannes Paul II.). Das Verständnis von Seelsorge als „Dienst an den Diensten" lehnt sich an diesen Sprachgebrauch des Konzils an und begreift darum nicht nur die Priester, sondern auch die Laien als Träger (Subjekte, nicht nur Objekte) der Seelsorge. Zur neueren Begriffsentwicklung vgl. *W. Offele,* Das Verständnis der Seelsorge in der pastoraltheologischen Literatur der Gegenwart, Mainz 1966; *N. Mette,* Praktische Theologie als Handlungswissenschaft, in: Diakonia 10 (1979) 190–203.

[15] Unsere bisherigen Überlegungen haben deutlich gemacht, daß der biblische Befund uns verbietet, an eine direkte und exklusiv auf den Pfarrer bezogene Maßstäblichkeit Jesu zu denken – nach dem alten Muster: der „pastor bonus" als Maßstab für die heutigen Pastoren. Vielmehr setzt Jesus die Maßstäbe für christliches Handeln und damit (indirekt) auch für eine Seelsorge (von Laien und Amtsträgern), die sich als Dienst am christlichen Handeln versteht.

[16] Vgl. in diesem Band S. 31.35 f. 137–141.

[17] *H. Nouwen,* Creative ministry, Garden City, New York 1978, 10–18; ders., Der dreifache Weg, Freiburg 1984, 72–84; s. o. S. 12.26–28.

IV. Der Seelsorger – ein verwundeter Arzt

[1] *H. Nouwen,* The wounded healer, New York 1979. Da das Büchlein noch nicht ins Deutsche übersetzt ist, sollen seine Grundgedanken hier ausführlicher zum Zug kommen. Der Mythos vom verwundeten Arzt ist in der Antike weit verbreitet und als Archetypus zu begreifen: Vgl. *K. Kerényi,* Der göttliche Arzt, Studien über As-

klepios und seine Kultstätten, Darmstadt 1975, 96–100; *E. Drewermann*, Psychoanalyse und Moraltheologie, 3 Bde., Mainz 1982f. I 167f. 177f.; *A. Guggenbühl-Graig*, Macht als Gefahr beim Helfer, Basel 1971, 62–64.

[2] *H. Schilling*, Von Beruf Seelsorger, in: Diakonia 11 (1980) 306ff.; *P. M. Zulehner*, Einführung in den pastoralen Beruf, München 1977.

[3] Sanhedrin-Traktat; *Nouwen*, a.a.O. 82.

[4] *C. G. Jung*, Die Beziehung der Psychotherapie zur Seelsorge. Gesammelte Werke 11, Olten 1971, 24–27.

[5] *H. E. Richter*, Flüchten oder Standhalten, Reinbek 1976.

[6] *Nouwen*, a.a.O. 187–192.

[7] *H. Nouwen*, Der dreifache Weg, Freiburg 1984, 98–105.

[8] *R. Zerfaß*, Gemeinde als Ort der Hoffnung, in: Diakonia 15 (1984) 32–41.

[9] *V. Kast*, Chancen des Scheiterns – Grenzen der Psychotherapie, in: Grenzen in Seelsorge und Psychotherapie, hrsg. v. P. M. Pflüger, Fellbach 1982, 45–63; *H. Stenger*, Dienen ist nicht nur dienen, in: Lebendige Seelsorge 34 (1983) 82–87; *G. Fuchs*, Durch seine Wunden wurden wir geheilt (vgl. 1 Petr 2,24). Zur Aktualität der Seligpreisung der Kranken und Gekränkten, in: Die Mitarbeiterin 31 (1980) 162–167; *ders.*, „Ich habe deine Tränen gesehen ..." (2 Kön 20,5). Zur Aktualität der Seligpreisung der Weinenden, in: ebd. 3–7.

[10] *H. Nouwen*, Creative ministry, Garden City, New York 1978, 59–61.

[11] Ebd. 38.

[12] Ebd. 61–65.

[13] *D. Stollberg*, Therapeutische Seelsorge, München 1970, 163–191.

[14] *H. Nouwen*, Creative ministry, 63.

[15] Evangelisches Kirchengesangbuch 294.

V. Wer ist kompetent zur Verkündigung?

[1] Dieser Thematik widmete sich die Arbeitsgemeinschaft Katholischer Homiletiker auf ihrer Jahrestagung vom 2.–6. 10. 1978 in Würzburg (vgl. *R. Zerfaß/F. Kamphaus* [Hrsg.], Die Kompetenz des Predigers, Comenius-Institut Münster 1979). Der nachstehende Beitrag verdankt den Planungsgesprächen für diese Tagung manche Anregung.

[2] Das ist um so notwendiger, als er inzwischen in die Rahmenordnung des Studiums katholischer Theologie Eingang gefunden hat, wenn es dort etwa bei der Zielbestimmung der praktisch-theologischen Fächergruppe heißt: „Ein Theologe muß in Richtung auf die künftige Berufspraxis fähig sein, Situationen, Probleme, Aktionen und soziale Systeme zu analysieren ... Er muß imstande sein, religiö-

se Sozialisation anzuregen, zum Aufbau von Kirche beizutragen und die dazu erforderliche soziale und sprachlich-kommunikative Kompetenz zu erwerben ... Und: „Sobald theologische Theorie der Praxis sich auf das Gelingen der Vollzüge des Glaubens besinnt, kommen spezifische Fähigkeiten didaktisch-methodischer Art in den Blick, die man im Sinne einer ‚ästhetischen' Kompetenz verstehen könnte. Solche Fähigkeiten werden beispielsweise im Beratungsgespräch, in der Predigt, im Unterricht, in der gemeinsamen Feier verlangt." Vgl. *E. Feifel* (Hrsg.), Rahmenordnung (Studium Katholische Theologie 5), Einsiedeln 1975, 28.32.

[3] *H. Peukert,* Wissenschaftstheorie – Handlungstheorie – Fundamentale Theologie (Suhrkamp Taschenbuch Wissenschaft 231), Frankfurt 1973, 262–267; vgl. auch *P. Düsterfeld,* Predigt und Kompetenz, Düsseldorf 1978, 89–140.

[4] Vgl. Anm. 1.

[5] *H. Peukert,* Sprache und Freiheit, in: F. Kamphaus – R. Zerfaß, Ethische Predigt und Alltagsverhalten, München 1977, 44–78; 58.69.

[6] *C. Stock,* Homiletisches Reallexikon Oder Reicher Vorrath zur geist- und weltlichen Beredtsamkeit (1741), Art.: Lehrer der Kirchen, 738.741.

[7] Reg. past III, 40 (PL 77, 124f.).

[8] Vgl. *R. Zerfaß,* Die Schriftlesung im Kathedralofficium Jerusalems, Münster 1968, 15.

[9] Moralia in Job XXX, 3,9 (PL 76, 527f.).

[10] Das Thema wäre eine eigene patristische Studie wert; als Beispiel vgl. Augustinus, De cat. rud. II, 4 (s. u. S. 147.156). *B. Fischer,* Predigtgrundsätze des heiligen Karl Borromäus, in: Trierer Theologische Zeitschrift 61 (1952) 213–221, 218 bemerkt dazu: „Auch Chrysostomus zeigt sich ganz von diesem Leitbild mütterlichen Dienenwollens beherrscht; vgl. etwa Hom. post terrae motum (PG 50, 713f.) oder Hom. in: Pater meus usque modo operatur 1 (PG 63, 512). Für das MA ist besonders Bernhard zu nennen, der immer wieder gerade auf diese Bildvorstellung zurückkommt ... Schließlich konnte Karl das Motiv in zwei zeitgenössischen Werken finden, von denen wir sicher wissen, daß sie in seiner Bibliothek gestanden haben: in dem ihm gewidmeten „Stimulus Pastorum" des Dominikaner-Erzbischofs von Braga, Bartholomaeus a Martyribus, ... und in Ludwigs von Granada Retorica Ecclesiastica I, 7, 3."

[11] *Anselm v. Canterbury,* Ep. 20 (PL 158, 1086f.).

[12] *A. Cabassut,* Une dévotion médiévale peu connue. La dévotion à „Jésus notre mère", in: Revue d'ascétique et de mystique 25 (1949) 234–245; *E. McLaughlin,* „Christ My Mother": Feminine Naming and Metaphor in Medieval Spirituality, in: Medievalia et humanistica, Nova Series 4 (1973) 37–53; *B. Fischer,* „Jesus unsere Mutter". Neue englische Veröffentlichungen zu einem wiederentdeckten Mo-

tiv patristischer und mittelalterlicher Christusfrömmigkeit, in: Geist und Leben 59 (1985) 147–156.
[13] „Man sol auff der cantzel die zitzen herauß ziehen und das volck mit milch trencken" (*M. Luther*, Tischreden, WA 3, 310, 5 f.).
[14] So wird noch im Rituale Trevirense vom Jahre 1688 die Pflicht, die Predigt des eigenen Pfarrers anzuhören, unter Berufung auf das Trienter Konzil (Sess. 24 c. 4 de reform.) damit begründet, es entspreche „dem neuen Recht und noch mehr der Vernunft und der Billigkeit, wenn die eigene Mutter (und das ist der Pfarrer) durch die Predigt ihre Kinder stillt, statt daß man sie einer Amme überläßt" (S. 269).
[15] *J. M. Sailer*, Neue Beiträge zur Bildung der Geistlichen (Ges. Werke, Bd. 19) München 1839, 60.
[16] Ebd. 62.
[17] Ebd. 26.
[18] Ges. Werke, Bd. 20 (1839) 36 f.
[19] *H. v. Campenhausen*, Kirchliches Amt und geistliche Vollmacht in den ersten drei Jahrhunderten, Tübingen ²1963, 195–233.
[20] *F. Schnitzler*, Zur Theologie und Verkündigung in den Predigten des hl. Augustinus, Freiburg 1968, 134–141.
[21] *R. Zerfaß*, Der Streit um die Laienpredigt, Freiburg 1974.
[22] *W. Schütz*, Geschichte der christlichen Predigt, Berlin 1972, 145–159.
[23] Vgl. Anm. 1 und *R. Zerfaß*, Pastorale Kompetenz, in: Kirchliche und nichtkirchliche Religiosität. Pastoraltheologische Perspektiven zum Phänomen der Distanzierung von der Kirche, hrsg. v. L. Bertsch – F. Schlösser, Freiburg 1978, 107–124, 112.
[24] Zum Charakter der Reservation der Predigt in der Eucharistiefeier in can. 767 § 1 vgl. *R. Zerfaß*, Der letzte Streit um die Laienpredigt?, in: J. H. Schneider (Hrsg.), Schritte zu befreitem Leben. Erinnerung an Adolf Exeler (Ms.-Druck), Münster 1984, 146–160; *ders.*, Ist die Laienpredigt am Ende?, in: Der Prediger und Katechet 123 (1984) 605–607.
[25] *H. Peukert*, a.a.O. (s. o. Anm. 3) 326. Vgl. auch *H. U. Brachel – N. Mette* (Hrsg.) Kommunikation und Solidarität. Beiträge zur Diskussion des handlungstheoretischen Ansatzes von Helmut Peukert in Theologie und Sozialwissenschaften, Freiburg (Schweiz)/Münster 1985.
[26] Ebd. 329.
[27] *K. Schäfer*, Zu Gast bei Simon, Düsseldorf 1973.
[28] Testamentum 8; vgl. *Zerfaß*, Laienpredigt (s. o. Anm. 21) 288.
[29] Speculum perfectionis c. 44; vgl. *Zerfaß*, a.a.O. 288, Anm. 951.
[30] *F. Pfeiffer*, Deutsche Mystiker des 14. Jahrhunderts, 1857 (Nachdruck 1962), II, 599.

VI. Die Last des Taufgesprächs

[1] Vgl. *L. A. Vaskovics*, Religionssoziologische Aspekte der Sozialisation wertorientierter Verhaltensformen, in: Internationales Jahrbuch für Religionssoziologie 4 (1967) 115–146; *P. M. Zulehner*, Religionssoziologie und Kindertaufe, in: W. Kasper (Hrsg.), Christsein ohne Entscheidung, Mainz 1970, 188–206; Pastorale. Die Eingliederung in die Kirche, Mainz 1972.

[2] Eine gute Zusammenfassung der Literatur zum Katechumenat unter dem Aspekt der Verkündigung bietet *K. Baus*, Erwägungen zu einer künftigen „Geschichte der christlichen Mission in der Spätantike" (4.–6. Jh.), in: Reformata reformanda, Festgabe für H. Jedin, 2 Bde., Münster 1965, I 22–38, 37, Anm. 56.

[3] Das Werk ist vermutlich im Jahr 405 entstanden. Wir benützen die Ausgabe von G. Combès – M. Farges, Le magistère chrétien (Œuvres de Saint Augustin 11), Paris 1949. Den Titel des Werkes würde man im Deutschen am besten mit „Taufkatechese" wiedergeben.

[4] C. 1 (a.a.O. 18).

[5] C. 4 (a.a.O. 24).

[6] Läßt man einmal die beiden Modellkatechesen außer acht (c. 24–55), so ist auch umfangmäßig der größte Teil des Werkes (nämlich c. 1–4 und 14–23) diesem verkündigungspsychologischen Thema gewidmet; es schlägt auch in den Kapiteln über Inhalt und Aufbau der Erstunterweisung (c. 5–13) immer wieder durch (vgl. die differenzierte Hörertypologie c. 8–10. 12–13). Außer den bei Combès – Farges 15 f. verzeichneten Studien sind zu nennen *J. B. Christopher*, S. Aurelii Augustini Hipponiensis episcopi, De catechizandis rudibus', Washington 1926; *P. L. Huillier*, Le rôle du catéchiste dans la première initiation chrétienne d'après S. Augustin (Thèse), Lyon 1947; *J. P. Belche*, Die Bekehrung zum Christentum nach des hl. Augustinus Büchlein ,De catechizandis rudibus' (Diss. Masch.), Münster 1956 (Literatur XVI–XVIII).

[7] Um nur einige wichtige Werke zu nennen: *H. J. Clinebell*, Modelle beratender Seelsorge, Mainz 1971; *H. Faber – E. van der Schoot*, Praktikum des seelsorgerlichen Gesprächs, Göttingen ³1971; *R. Hostie*, Das Gespräch in der Seelsorge, Salzburg 1965; *P. Johnsohn*, Psychologie der pastoralen Beratung, Wien 1969; *A. Rensch*, Das seelsorgerliche Gespräch, Göttingen ²1967; *D. Stollberg*, Therapeutische Seelsorge, München ²1971; *H. J. Thilo*, Beratende Seelsorge, Tiefenpsychologische Methodik dargestellt am Kasualgespräch, Göttingen 1971;

[8] C 23 (a.a.O. 80f.).

[9] C. 3 (a.a.O. 22); vgl. c. 14 (a.a.O. 54).

[10] C. 3 (a.a.O. 20); vgl. c. 4 (a.a.O. 20).

[11] C. 15 (a.a.O. 59).

¹² C. 17 (a.a.O. 64f.).
¹³ Ebd. (a.a.O. 66).
¹⁴ Ebd.
¹⁵ Ebd.
¹⁶ Siehe oben Anm. 7.
¹⁷ C. 17 (a.a.O. 66).
¹⁸ C. 14 (a.a.O. 54).
¹⁹ C. 18 (a.a.O. 68).
²⁰ Ebd.
²¹ C. 18 (a.a.O. 68f.).
²² C. 8–10. 12–13; vgl. dazu *Belche* (s.o. Anm. 6) 218–220.
²³ Eindringlich warnt Augustin aufgrund eigener bitterer Erfahrungen davor, in der Kleingruppe des Katechumenatskreises genauso wie im Gemeindegottesdienst (und in Übernahme der zeitgenössischen Autoritätsvorstellungen) das Sitzen als Vorrecht dessen zu betrachten, der lehrt. „Was für eine Arroganz kommt darin zum Ausdruck, daß wir unsere Brüder (bzw. die, um die wir uns mit größter Sorgfalt mühen müßten, daß sie unsere Brüder werden) nicht einladen, Platz zu nehmen! Hat nicht selbst unserm Herrn, dem doch die Engel zu Diensten sind, Maria von Bethanien sitzend zugehört (Lk 10,39)?" (c. 19 [a.a.O. 72]).
²⁴ C. 19 (a.a.O. 72).
²⁵ C. 14 (a.a.O. 54).
²⁶ C. 16 (a.a.O. 60).
²⁷ Ebd. (a.a.O. 62).
²⁸ Ebd. (a.a.O. 64).
²⁹ C. 14 (a.a.O. 54).
³⁰ C. 20 (a.a.O. 74).
³¹ Ebd.
³² Ebd.
³³ C. 21 (a.a.O. 76).
³⁶ Für das Mittelalter vgl. *H. v. Schubert*, Geschichte der christlichen Kirche im Frühmittelalter, Tübingen 1921, 293, Anm. I, und 652, sowie die Bibliographia Augustiniana in: *C. Andresen* (Hrsg.), Zum Augustinusgespräch der Gegenwart (Wege der Forschung 5), Darmstadt 1962, 554–574.
³⁷ C. 23 (a.a.O. 82).
³⁸ C. 22 (a.a.O. 78).
³⁹ C. 4 (a.a.O. 24). „Wenn schon für unsere Finanzen gilt, daß Gott den fröhlichen Geber lieb hat (2 Kor 9,7), dann erst recht für all unsern geistlichen Reichtum. Freilich steht es nicht in unserer Macht, sondern im Erbarmen dessen, der dies uns nahelegt, daß solche Fröhlichkeit dann da ist, wann wir sie brauchen."
⁴⁰ C. 23 (a.a.O. 82).

Bücher von Henri J. M. Nouwen:

Der dreifache Weg

Henri Nouwen sagt, was für ihn Christsein bedeutet und wie er selbst den dreifachen Weg des geistlichen Lebens geht. Für alle, die nach Orientierung suchen.
„Hier verdichten sich pädagogische, psychologische und theologische Einsichten zu einer neuen Schau der Praxis menschlichen Für- und Miteinanders. Dieses Buch wird von sich reden machen" (Heinrich Spaemann in: Bücher der Gegenwart).
Ein ganz persönliches Buch des weltbekannten Schriftstellers!

4. Auflage. 160 Seiten, Paperback.
ISBN 3-451-20019-8

Geheilt durch seine Wunden

„Dieses Buch ist für jeden Seelsorger eine Hilfe, sich gegenüber seinen eigenen Sorgen und Nöten sensibel zu zeigen und seine seelsorgerliche Arbeit selbstkritisch zu begleiten. Die Kernthese Henri Nouwens: Eine zeitgemäße und glaubwürdige Seelsorge braucht einen Wandel der Perspektive. Nicht der scheinbar unbegrenzt belastbare „Macher" kann anderen wirklich helfen, sondern nur ein Mensch, der in den Dienst am Nächsten auch das Leiden an seinen eigenen Wunden einbringt." (Die Anregung, St. Augustin)

144 Seiten, Paperback. ISBN 3-451-20853-9

Verlag Herder Freiburg · Basel · Wien